随筆

調和の懸け橋

結び合う地域の未来

Daisaku Ikeda

池田大作

鳳書院

池田名誉会長夫妻

◉目次

平和と文化……39

ふるさとの挑戦 125

創立の志《こころざし》…………195

※本書の収録に際して一部、加筆等されています。
※ふりがな、年代については新聞掲載時に合わせ、一部、編集部が付けました。
※引用及び参照箇所には番号を付け、参考文献を明記しました。また、
現代表記に改めた箇所もあります。
※引用文中の編集部による注は、（＝　）内に記しました。

本文中の識者との会談等の写真●聖教新聞社
カバー写真●鷲羽山から望む瀬戸大橋（岡山・倉敷市）

装幀、本文デザイン・DTP●澤井慶子

橋を懸《か》ける

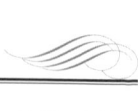

「瀬戸大橋《せとおおはし》」開通30周年に寄せて

晴れの国から　平和と文化の虹の橋を

【山陽新聞】２０１８年４月２日

橋は人を結《むす》びます。

橋は命を支《ささ》えます。

橋は未来を開きます。

１９８８年の４月、ロマン光る「瀬戸大橋《せとおおはし》」が開通した春の心の鼓動《こどう》を、私は懐《なつ》かしく思い起こすのです。

祝賀を込めて、敬愛する岡山の友人たちに、私は「金波《きんぱ》の海に『幸《さち》のかけ橋』」と題する詩を贈りました。

この橋は、道路と鉄道の併用橋《へいようきょう》として世界最大級であり、幾多《いくた》の新工法が駆使《くし》されています。

30星霜《せいそう》を経《へ》て、大橋を通行する1日の平均の車の台数は開通時（1988年）の2倍に上《のぼ》り、過去最高の2万2千台になったと、今年の元日付の山陽新聞で、うれしく知りました。

いにしえより山陽道が貫《つらぬ》く岡山は、人々が活発に往来《おうらい》した天地です。倉敷《くらしき》ゆかりの吉備真備《きびのまきび》が遣唐使《けんとうし》として中国へ渡った奈良時代から、海路を通じてアジアと交流した先進地でもあります。

瀬戸大橋のかかる備讃《びさん》瀬戸は、東西からの潮流が出合って生ずる潮《しお》の流れが国内有数の豊富な漁場を育《はぐく》み、詩情あふれる景観を広げています。

異《こと》なるものが出合う時、新たな創造の力《ちから》が生まれます。あの簡素にして味わい深い備前焼《びぜんやき》の美も、土と炎の出合いが創《つく》り出す芸術です。

人もまた、他者と出会い、学び合う中でこそ、生き生きと価値創造の知恵を湧《わ》かせることができるものでしょう。

人と人、地域と地域の交流を促《うなが》す瀬戸大橋《せとおおはし》は、まさに共生と共栄の新時代を創《つく》るシンボルといえないでしょうか。

◆

仏典では、信念の指導者を「大橋梁《きょうりょう》」と譬《たと》えます。怒濤逆巻《どとうさかま》く乱世にも、揺《ゆ》るがぬ橋となって民衆を結《むす》び、支《ささ》え、希望の活路《かつろ》を開く存在です。

岡山には、時代に先駆《さきが》けて〝橋をかける〟人材群が澎湃《ほうはい》と躍《おど》り出てきました。

幕末の津山藩医《つやまはんい》・箕作阮甫《みつくりげんぽ》は外交文書等の翻訳《ほんやく》を担《にな》い、アメリカやロシアとの交渉に携《たずさ》わりました。激動の開国期に平和外交の橋をかけ、近代日本の扉を開いた一人です。

さらに、日中友好に尽《つ》くした岡山の貢献は、不滅です。

岡山市出身の犬養毅《いぬかいつよし》（木堂《ぼくどう》）翁《おう》は「話し合うこと」を通じた人間の連帯《れんたい》を

夕日に染まる瀬戸大橋（1994年11月、著者撮影）

信条とし、中国革命を指導した孫文《そんぶん》との信義を貫《つらぬ》き通しました。

私の恩師・戸田城聖《とだじょうせい》先生（創価学会第2代会長）も犬養翁《いぬかいおう》と親交を結《むす》んでおり、戦後、岡山を訪れた折、烏城《うじょう》公園で1万人を前に、翁の高き識見を偲《しの》ぶスピーチを行っています。

大文豪・魯迅《ろじん》の親友である内山完造《うちやまかんぞう》氏（井原《いばら》市出身）は、日中友好協会の初代理事長を務《つと》めました。「書肆《しょし》（＝書店）をもって津梁《しんりょう》（＝かけ橋）」*1となしたと称《たた》えられた文化交流の旗手でもあります。

岡崎嘉平太《おかざきかへいた》氏（吉備中央町《きびちゅうおうちょう》出身）は、国交回復前の中国との貿易交渉に尽力《じんりょく》し、信と愛で「人の世を美しく織《お》り成《な》そう」と呼び掛《か》けました。「織り成す」とは、畳縁《たたみべり》、帆布《はんぷ》、真田紐《さなだひも》、さらに今日ではジーンズなど「織物《おりもの》の都《みやこ》」として名高い岡山の賢人ならではの表現でしょう。

そうした先人《せんじん》たちの志《こころざし》を胸に、私も50年前（1968年）に日中の国交正常化を提言しました。

信頼する岡山の若人《わこうど》たちが、この心を受け継《つ》ぎ、「日中青年未来フォーラム」など友好を重《かさ》ねてくれていることは、頼《たの》もしい限りです。

瀬戸《せと》大橋《おおはし》の吊《つ》り橋を支《ささ》えるケーブルは、一本また一本の細い線が結束《けっそく》して作られているからこそ、計り知れない強靱《きょうじん》な底力を発揮します。

同じように、文化・教育の交流を通して、一対一の信頼と友情の絆《きずな》が幾《いく》重《え》にも結束した民衆の友好のケーブルは、政治・経済の変化の風波にも断じて揺《ゆ》るぎません。

◇

人を結び、命を支え、未来を開く――。これは「食」の力《ちから》とも相通《あいつう》じます。

晴れの国・岡山は、何と豊かな「食」の恵《めぐ》みに満ちていることでしょうか。

日本一の生産量を誇る「ピオーネ」の名は、イタリア語の「先駆者《せんくしゃ》・開《かい》拓者《たくしゃ》」に由来するといいます。くだもの王国を築き上げてこられた父母《ちちはは》たちの先駆・開拓の労苦が、私には思われてなりません。

美味《おい》しい郷土《きょうど》料理「ばらずし」は、一汁一菜《いちじゅういっさい》を強《し》いられた江戸時代、ご飯に野菜や魚を混《ま》ぜ込んで一菜としたことが起源ともいわれます。特別な節《ふし》の「晴れの日」に皆で食膳《しょくぜん》を囲《かこ》む庶民の知恵は、現代の家庭にまで笑顔の花を咲かせています。

私の妻がよく知る岡山市の桃《もも》農家の母は、どの桃も「いとおしい表情をしています」と語っていました。風雪に耐《た》えて実《みの》る桃と自《みずか》らを重《かさ》ね、病気や不和など打ち続く人生の試練を乗り越《こ》えてきました。「人は食によって生《せい》あり食を財《たから》とす」を座右《ざゆう》の銘《めい》に、母は「地域の太陽」と明るく輝いていています。

◆

山陽新聞は、瀬戸《せと》大橋《おおはし》の架橋《かきょう》から今日までの歩みを「地域とともに」の信念で見つめてきました。

「社会に有益《ゆうえき》な事柄《ことがら》を」との大志《たいし》のもと、20歳の西尾吉太郎《にしおきちたろう》氏が創刊し、明年（2019年）で140周年。学校教育に新聞を活用するNIE（教育に新聞を）活動に取り組み、「子ども目線で社会が分かる」をキーワードに、子どもも新聞にも力《ちから》を注《そそ》いでいます。

若き命を伸びやかに育《はぐく》むことこそ、未来への架橋です。

晴れの国・岡山から、明日を開く平和と文化の虹の橋が幾重《いくえ》にも築かれゆくことを、私は確信してやみません。

＊1　小泉譲『魯迅と内山完造』講談社

明治150年
人材の都《みやこ》から　文化創造の橋を

【山口新聞・宇部日報】２０１８年9月12日

齢《よわい》90にして、今、味わいを新たにする先哲《せんてつ》の簡潔《かんけつ》な言葉があります。

「物の種《たね》は、たとえ一つでも、まけば多くなる」

まかぬ種は生《は》えません。万事において、心をこめてまいた種は、時とともに花と咲き、思いもよらぬ実《み》りをもたらしてくれます。

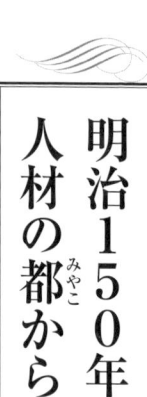

私の大好きな山口県は、青年時代から幾重《いくえ》にも友情の種をまいてきた大地であり、友人との連帯《れんたい》の広がりは、わが人生の宝《たから》です。

今年は明治維新《いしん》１５０年。長州の先人《せんじん》たちが命を賭《と》して歴史回天《かいてん》の種をまいた足跡《そくせき》が偲《しの》ばれます。

今月の14日からは、「山口ゆめ花博」（山口きらら博記念公園、９月14日～11月４日）が開幕し、「山口から開花する、未来への種まき。」をテーマに１千万もの花々が鮮《あざ》やかに咲き薫《かお》ると伺《うかが》いました。

県内の約２００の学校や施設で、３万３千人の生徒・児童《じどう》・園児が20万株の花を育てた「花育《はないく》プロジェクト」は、何とロマン光る取り組みでしょうか。

もともと「咲」の字は、「えむ」「わらう」という「笑」の意味でも用いられました。子どもたちが花の生命を慈《いつく》しみながら、明るい笑顔を咲かせ広げる挑戦は、まさに「未来への種まき」といえましょう。

◇

松下村塾《しょうかそんじゅく》の師弟を敬愛してやまなかった、わが恩師・戸田城聖先生は常々、「山口県こそ新時代揺籃《ようらん》の天地である」と語りました。

その深い思いを体《たい》して62年前（１９５６年）の秋、私は下関《しものせき》、防府《ほうふ》、山口、岩国《いわくに》、柳井《やない》、周南《しゅうなん》、宇部《うべ》、萩《はぎ》と各地を回ったのです。

列車を乗り継《つ》いでの奔走《ほんそう》の中で、感謝とともに思い起こされる「種《たね》をまいた人」がおりました。萩出身の「鉄道の父」井上勝翁《いのうえまさるおう》です。海外渡航《とこう》が禁止の幕末に、勇敢《ゆうかん》に英国へ船出《ふなで》した「長州五傑《ごけつ》」の一人・井上青年は、鉱《こう》山《ざん》・土木工学を学びました。帰国後、日本で最初の鉄道敷設《ふせつ》に尽力《じんりょく》し、各地を結《むす》んだのです。

一人の青年が、どれほど偉大な力《ちから》を秘《ひ》めているか。その力を解《と》き放《はな》つ「開《かい》拓《たく》精神」の連鎖《れんさ》が、山口の天地を起点として日本を変えました。

宇部炭田《たんでん》の発展を支《ささ》えたのは、炭鉱の湧《わ》き水の問題を解決するために考案された人力の昇降装置《しょうこうそうち》「南蛮車《なんばん》」です。七右衛門《しちえもん》・九重郎《くじゅうろう》の向田《むかえだ》兄弟が果《は》たした、この技術革新は、九州にも伝わり、近代産業の飛躍《ひやく》を開いていきます。

岩国生まれの藤岡市助《ふじおかいちすけ》は国産白熱電球の実用化などに挑《いど》み、「日本のエジソン」と謳《うた》われました。

世界に誇る錦帯橋の美しい姿（1984年10月、著者撮影）

独創《どくそう》の安全マッチや体温計を考案《こうあん》したのは、防府《ほうふ》出身の柏木幸助《かしわぎこうすけ》です。失敗を恐れず、粘《ねば》り強く創意工夫《そういくふう》を重《かさ》ねる山口の若人《わこうど》たちによって、近代日本を彩《いろど》るイノベーション（刷新《さっしん》）の芽《め》は伸びました。花は、忍耐《にんたい》という大地にこそ咲くものでしょう。

◆

山口には、多彩《たさい》な人材を育《はぐく》む、大《おお》らかで豊かな人間教育の土壌《どじょう》があります。吉田松陰《よしだしょういん》先生は、囚《とら》われた野山獄《のやまごく》でも闊達《かったつ》に座談会を開き、一人一人の長所を称《たた》えました。「自分と違《ちが》う」ところを見いだし、互《たが》いに教師となり生徒となり、学び合っていったのです。皆の力《ちから》を何倍にも活《い》かしていく価値創造の智慧《ちえ》です。

「みんなちがって、みんないい」*1とは、長門《ながと》市ゆかりの童謡《どうよう》詩人・金子《かねこ》みすゞさんの忘れ得ぬ至言《しげん》です。

私も山口の友人たちと「桜梅桃李《おうばいとうり》」という言葉を大切にしてきました。

桜も梅も、桃も李《すもも》も、それぞれの時に自分らしく咲き切って命の恵《めぐ》みをもたらします。同じように、皆が個性を尊重し合いながら、多様にして創造性あふれる幸《さち》と平和の花園を築こうと励まし合ってきたのです。

◆

未来の開花を信じて「種《たね》をまく人」は朗《ほが》らかです。

笑いという幸福の種を散《ち》りばめて、人生を味わい深く描《えが》いた「鷺流狂言《さぎりゅうきょうげん》」が、山口市では伝承《でんしょう》されてきました。県指定無形文化財《むけいぶんかざい》の貴重な第1号です。

この狂言は、町の人々がお互いに稽古《けいこ》をつける伝習会《でんしゅうかい》によって受け継《つ》がれてきました。

こうした尊い努力は、まさしく「文化の種まき」と表現されています。

自分が花を咲かせるというよりも、友のため、後輩のため、未来のために種をまこうとする時に、真実の生命の歓喜《かんき》が広がっていくのではないでしょうか。

三方《さんぽう》を海に開かれた山口は、大内氏による日明貿易《にちみんぼうえき》で栄えた要衝《ようしょう》です。

この夏（2018年）、山陽小野田市《さんようおのだし》での国際かるた合宿には、アメリカ、フランス、タイ、中国、韓国から選手が参加し、地元・山口の方々と技量《ぎりょう》を錬磨《れんま》しました。

◇

山口県は、中国・山東省《さんとうしょう》と友好協定を結《むす》んでおり、不思議《ふしぎ》にも、どちらも数多《あまた》の逸材《いつざい》を輩出《はいしゅつ》してきました。山東省は孔子《こうし》や孟子《もうし》、諸葛孔明《しょかつこうめい》ゆかりの地です。

松陰《しょういん》先生も学んだ孟子は、三つの楽しみの一つとして、天下の英才を得て教育することを挙《あ》げました。

種《たね》をまき、花を丹精《たんせい》し、若木《わかぎ》を伸ばす如《ごと》く、宝《たから》の生命を励まし、薫陶《くんとう》する教育は、最極《さいごく》の聖業《せいぎょう》でしょう。

この夏も全国高校総体、俳句《はいく》甲子園、若年者ものづくり競技大会等で、山口の青年の活躍が光りました。

私の見守ってきた萩《はぎ》・大島《おおしま》の若きアジ船団長は、祖父と父から技術と心を継承《けいしょう》し、食卓へ喜びを届けています。船団に県外から若者を招《まね》き、離島《りとう》青年推進連絡協議会の水産部長を担《にな》い、日本一、元気な島づくりを皆で仲良く進めています。

青年が青年を呼び、若人《わこうど》が若人を結びます。

山口が誇る美しい錦帯橋《きんたいきょう》は、幾度《いくど》も洪水《こうずい》の試練に挑《いど》み続ける中で、堅固《けんご》に築き上げられました。

人材の都《みやこ》・山口から、次の150年へ、不屈《ふくつ》の文化創造の懸《か》け橋《はし》が広がりゆくことを、私は確信します。

＊1 「私と小鳥と鈴と」、『さみしい王女 新装版 金子みすゞ全集・Ⅲ』所収、JULA出版局

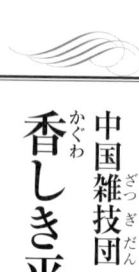

中国雑技団《ざつぎだん》　高松公演
香《かぐわ》しき平和の春へ友好の舞《まい》を

【四国新聞】２０１６年3月5日

「舞台上の1分間の演技は、舞台裏の10年間の努力の結晶《けっしょう》なり」

味わい深い中国の箴言《しんげん》です。

この人間芸術の華《はな》である中国雑技団《ざつぎだん》の公演が、本日、高松市で行われます。

１９５０年、周恩来《しゅうおんらい》総理のもと設立され、世界１２５カ国・地域で公演を重《かさ》ねてきた、最高峰のアクロバット集団です。

今回は、愛嬌《あいきょう》たっぷりのパンダが料理の修業に出て技《わざ》と心を磨《みが》く冒険物語に、息もつかせぬ武術アクションやダンスなど身体芸術の極致《きょくち》を融合《ゆうごう》させています。

鍛《きた》え抜いた美といえば、琴平町《ことひらちょう》の乙女《おとめ》たちの「なぎなた」は、昨年（2015年）、高校総体と国体で見事に優勝を果《は》たしました。三豊《みとよ》市には「山本長刀《なぎなた》踊り」も伝承《でんしょう》されていると伺《うかが》っています。

そもそも「雑技」とは、中国各地に伝わってきた多彩《たさい》な民衆芸能の総称です。

香川の「獅子舞《ししまい》」も、400年の歴史を誇るといいます。日中国交正常化に尽《つ》くされた大平正芳《おおひらまさよし》先生も、郷土《きょうど》の獅子舞など民衆芸能を宣揚《せんよう》されました。民衆の大地で磨き上げられた文化には、国を超《こ》えて人々の心を打ち、勇気を贈るエネルギーがあります。

◇

本公演でパンダの冒険は〝食〟と〝師弟〟を軸《じく》に展開します。尊敬する師匠のために店を再興しようと、料理の対決に挑《いど》むのです。

食は、命を育《はぐく》む源《みなもと》です。

師弟は、強き心の泉《いずみ》です。

古来《こらい》、香川には、砂糖と塩・綿《わた》の「讃岐三白《さぬきさんぱく》」という宝《たから》が輝いてきました。

中国伝来とされる砂糖の普及《ふきゅう》に貢献したのは、東かがわ市生まれの讃岐製糖《せいとう》の父・向山周慶翁《さきやましゅうけいおう》です。師・池田玄丈《いけだげんじょう》から研究を託《たく》されて志《こころざし》を継《つ》ぎ、村人たちと共に40年もの苦闘を重《かさ》ね、白砂糖の精製《せいせい》に成功しました。

この香川の砂糖が、天保《てんぽう》年間には全国出荷量《しゅっかりょう》の7割を占《し》め、各地の経済と食文化を発展させたのです。

瀬戸内《せとうち》の恵《めぐ》み豊かな香川の食文化は、世界の憧《あこが》れです。

今月（2016年3月）、開幕する瀬戸内国際芸術祭でも「食プロジェクト」が展開され、地域の魅力《みりょく》が発信されます。

◆

四国は「志国《しこく》」。その「志」の後継《こうけい》の劇は、中国雑技団《ざつぎだん》が掲《かか》げる「継承《けいしょう》、

公演を終えた雑技団のメンバーをねぎらい、心から讃える
(2004年3月、東京・八王子市)

発展、創新《そうしん》」のモットーとも力強《ちからづよ》く共鳴《きょうめい》しています。

雑技団《ざつぎだん》の若人《わこうど》たちは「我らの舞台は天より大なり」との気概《きがい》で、新たな挑戦を貫《つらぬ》いています。今般も、傘《かさ》を足で自在《じざい》に操《あやつ》りつつ隊形《たいけい》変化する超絶《ちょうぜつ》の舞《まい》を、世界初演で披露《ひろう》してくれます。

近年、香川では、伝統の匠《たくみ》の技《わざ》を体験できる機会が幅広《はばひろ》く開かれています。「丸亀《まるがめ》うちわ」のうちわ作り、「香川漆器《しっき》」の漆塗《うるしぬ》り、「志度桐下駄《しどきりげた》」の鼻緒付《はなおつ》け、「高松張子《はりこ》」「張子虎《はりこのとら》」の絵付《えつ》け、「高松和傘《わがさ》」の制作、「手まり」作り、「菓子木型《かしきがた》」での和菓子作り等々。

本場の讃岐《さぬき》うどんを自《みずか》ら手打ちして味わえる体験では、来日した中国青年代表団のメンバーも、私のよく知る四国の若き友たちと一緒《いっしょ》に楽しく学び合いました。

きょう3月5日は、奇《く》しくも、多くの香川県民と交友を結《むす》ばれていた周《しゅう》恩来《おんらい》総理の誕生日です（1898年生まれ）。

周総理は、「世界の流れは人民の友好促進《ゆうこうそくしん》です」[*1]と展望されておりました。

今、「体験」や「学び」が観光の新たな可能性として注目されています。

心から敬愛してやまぬ香川の天地が、この友好促進の最先端《さいせんたん》のモデルを、世界に示していかれる未来を、私は思い描《えが》く一人です。

＊1　森下修一編訳『周恩来選集』上、中国書店

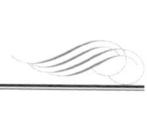

日中国交正常化45周年記念　中国国家京劇院　茨城公演

万人の善性《ぜんせい》信じた「人間芸術」

【茨城新聞】２０１７年4月13日

毎年、折々に、茨城の友からうれしい花便《はなだよ》りを頂きます。百花の魁《さきがけ》・梅、春爛漫《はるらんまん》の桜、初夏を彩《いろど》るアヤメ等々、いのちの讃歌《さんか》を贈ってくれる茨城の大地で、至高《しこう》の芸術交流を通して「文化の花」「友誼《ゆうぎ》の花」をお届けできることは、何よりの喜びです。

民主音楽協会が招《しょう》へいした中国国家京劇院の公演が、県都・水戸《みと》市で23日に行われます。「これほど豪華《ごうか》な出演者は中国本国でも見ることは難《むずか》しい」と評される名優たちがそろいました。

かの徳川光圀公《とくがわみつくにこう》が中国の大学者・朱舜水《しゅしゅんすい》を招き親交を結《むす》ぶなど、茨城は日中友好の歴史の足跡を刻む天地です。

今回の公演は、テーマも「愛と正義と報恩《ほうおん》」という、茨城の心に響《ひび》き合う三大傑作《けっさく》の舞台となりました。

◆

京劇は、歌あり台詞《せりふ》あり、曲芸《きょくげい》ありの総合芸術です。

演者は10歳前後で京劇の学校に入り、約10年間の修業を経《へ》て、初めて舞台に上がれると聞きました。

「稽古《けいこ》を一日休めば、衰《おとろ》えは自分にわかる。二日休めば、舞台の相方《あいかた》にわかる。三日休んで舞台に立つと、客が承知《しょうち》しない」と言われます。

なぜ、それほど厳《きび》しいのか。京劇が、万人に本来具《そな》わっている善性《ぜんせい》を信じ、表現しようとする「人間芸術」だからであると、私は思ってきました。

たゆまぬ精進《しょうじん》によって技《わざ》を磨《みが》くとともに、人間性を鍛《きた》え上げているからこそ、演者の善性《ぜんせい》と観客の善性とが、深く強く共鳴《きょうめい》するのではないでしょうか。

◆

芸術・文化は、国を超《こ》え、民族を超えた、普遍的《ふへんてき》な生命の開花です。ゆえに、その交流によって、人類の心を結《むす》び合わせ、平和の花園を創出《そうしゅつ》できます。

これは、中国国家京劇院の創設に心血《しんけつ》を注《そそ》がれた周恩来《しゅうおんらい》総理の信念でもありました。

この総理の命を受け、初代院長に就任したのが、京劇界の巨匠《きょしょう》と名高い梅蘭芳《メイランファン》先生です。1956年、日本への戦後初の京劇代表団の派遣に際し、周総理は梅先生に語られました。

「日本の人民は中国の人民と同じく、あの戦争の被害者《ひがいしゃ》です。われわれが彼らに対して共感を示せば、彼らもきっと、われわれを受け入れてくれるでしょう」[*1]と。

実は、茨城は周総理にゆかりの地でもあります。百年前に日本に留学した総理は、茨城を訪れて友人と筑波山《つくばさん》に登った思い出を大切にされていました。また60年前（1957年）、中国に招《まね》いた茨城の代表団と、国交回復への熱望《ねつぼう》を語り合われています。

◇

思えば1974年師走《しわす》、北京の病院でお会いした周総理は、両国の友好を若い世代に、との心で私を迎えてくださいました。

総理が留学から帰国されたのは、桜の季節でした。

私は申し上げました。「ぜひとも桜の咲く頃、また日本にきてください」総理は「願望《がんぼう》はありますが、実現は無理でしょう」と微笑《ほほえ》まれました。

国交正常化45周年を記念する本公演は、桜の名所である千波湖《せんばこ》にも、また梅蘭芳先生の名前にも通じる、芳《かぐわ》しい梅の名所・偕楽園《かいらくえん》にも近い、県民文化センターでの開催となりました。

周総理も梅先生も、きっと喜んでくださることと、私は感無量《かんむりょう》です。

◇

県民文化センターは、私も、1976年夏、茨城の友人たちの郷土《きょうど》文化祭に招《まね》いていただいた忘れ得ぬ会場です。終戦記念日に、平和への熱願《ねつがん》を込《こ》めた、庶民の尊き文化の祭典でした。

今、その父母《ちちはは》たちの心を受け継《つ》ぐ青年たちが立派に育ってくれていることが、私の希望です。

京劇の歴史に脈打《みゃくう》っているのも、若人《わこうど》を信頼し、育成する心です。

京劇界の至宝《しほう》たる于魁智《うかいち》副院長も李勝素《りしょうそ》団長も、ご自身の渾身《こんしん》の熱演とともに、若き俳優の薫陶《くんとう》に心を砕《くだ》かれています。

意義深き茨城公演が、日中の未来へ、馥郁《ふくいく》たる平和と友情の花を咲かせゆくことを、私は願ってやみません。

＊1 加藤徹『京劇』中央公論新社

玄宗皇帝と楊貴妃が永遠の愛を誓う世紀のロマンス「太真外伝」。中国京劇界のトップスター于魁智（右）と李勝素が共演（2017年4月、東京）©MIN-ON

平和と文化

オバマ大統領の被爆地《ひばくち》訪問

核時代　広島の声で終止符《しゅうしふ》を

【中国新聞】２０１６年10月22日

ひとたび広島に立てば、消えることのない思いが胸に宿《やど》る。

広島の心には、国を超《こ》え、時を超え、命を揺《ゆ》り動かす希望の力《ちから》がある。

この５月、米国のオバマ大統領が初めて広島を訪問した。

広島と長崎への原爆投下。今なお各地で続く戦争の悲劇。

「単なる言葉でその苦しみを表すことはできない。しかしわれわれは歴史を直視し、そのような苦しみを繰《く》り返さないために何をしなければならないかを問う共通の責任がある」＊1

原爆慰霊碑《いれいひ》に献花し、演説した大統領は、被爆地《ひばくち》に立つ意味を何度もかみしめつつ、世界の全ての子どものために「広島の教訓」を踏《ふ》まえた未来を共に築く重要性を訴えた。

演説のあと、被爆者の代表の方々と握手し、抱擁《ほうよう》を交《か》わす姿からは、広島の心を受け止め、核の惨劇《さんげき》を再び起こしてはならないとの意志が伝わってきた。

大統領が〝一人の父親〟として切実な思いを語った言葉が脳裏《のうり》に浮かぶ。4年前（2012年）に韓国で、核なき世界を目指《めざ》す責務を強調した際、述べた言葉である。

「何にもまして私は、二人の娘たちが、知り、愛するすべてが瞬時《しゅんじ》に奪《うば》い去られることのない世界で成長することを願う、一人の父親として言っている」

犠牲者《ぎせいしゃ》の数や被害の甚大《じんだい》さだけではない。〝もし自分や愛する家族がそこにいたら〟と思いをはせてこそ、「広島の教訓」は継承《けいしょう》されるのではあるまいか。

大統領が原爆資料館の芳名録《ほうめいろく》につづった「核兵器のない世界を追求する勇気」は、この〝同じ人間として〟の実感から湧《わ》き起こると思えてならない。

◆

後日、中国新聞の記事で、大統領がペンを執《と》った場所が、平山郁夫画伯《ひらやまいくおがはく》の壁画《へきが》「平和のキャラバン・東（太陽）」の前だったことを知り、感慨《かんがい》を覚《おぼ》えた。

広大な砂漠の中を、一歩また一歩と進むラクダの隊列。舞台となったシルクロードは、15歳で被爆《ひばく》した画伯が、後遺症《こういしょう》の苦しみと闘いながら描《えが》いた「仏教伝来」以来、多くの作品で題材にしてきた場所である。

壁画完成の5年前（1980年）にお会いした折、仏教者らが険路《けんろ》や危難《きなん》に屈《くっ》せず歩んだ道を何度も訪ね、写生を重《かさ》ねてきた体験を話してくださった。「命がけで求めないと先人《せんじん》の苦闘の本当の心境《しんきょう》が分かりません」。自《みずか》らの足で現地に立ち、こみ上げてくる思いを絵画に結晶《けっしょう》してこられたのだ。

人類の悲願たる平和の探求《たんきゅう》においても、〃悲劇や苦難《くなん》を乗り越《こ》え、懸命《けんめい》に人々が前へ進んできた歴史の場所〃に足を運んでこそ、次に進むべき道が見えてくるのではなかろうか。

それこそが「広島」である。

平山画伯の壁画の制作に当たり、広島市民をはじめ大勢の方々がタイルの購入を支援した話も有名である。対《つい》をなす壁画「平和のキャラバン・西(月)」とあわせて約16万枚。支《ささ》えた一人一人の名前がそれぞれに刻まれ、平和への願いが情景の奥に力強《ちからづよ》く脈打《みゃくう》っている。

今、被爆者の方々をはじめ、多くの声が合わさり、波動を広げる中で、新たな動きが国際社会で生まれようとしている。

核兵器禁止のための法的文書を交渉すべく、来年中に会議を開催することを勧告《かんこく》する報告書が、8月(2016年)の国連公開作業部会で採択《さいたく》されたのだ。

その初日、参加国に呼び掛《か》けられたのは、広島を想起《そうき》することであった。オーストリアが声明で、「8月6日」の前日に作業部会が開幕した意義に触《ふ》れ、「われわれは、核兵器の禁止と廃絶《はいぜつ》を成し遂《と》げるため、熱意をもって取り組まねばならない」と訴えたのである。

討議《とうぎ》は難航《なんこう》したが、最終的に国連総会への勧告《かんこく》という成果が得られた。その背景には、まさしく、多くの国の間で〝広島への思い〟が共有《きょうゆう》されたことがあったのではなかろうか。

5月の作業部会にも、広島から生まれた声が届けられた。

原爆投下70年の昨夏（2015年）に広島で行われた「核兵器廃絶のための世界青年サミット」が礎《いしずえ》となり、発足《ほっそく》した青年の国際的ネットワークが文書を提出し、反響《はんきょう》を呼んだのだ。団体の名は「アンプリファイ」。「拡大する」との英語に由来する。

◆

世界各地で平和運動やNGO（非政府組織）の活動に取り組む、その若い世代の集いは、オバマ大統領の訪問の翌日にも、広島で開かれた。

参加した被爆《ひばく》3世の女性は語っていた。

「無力感を抱《いだ》くこともありました。でも、世界中の青年が一対一の対話を積み重《かさ》ねることで、必ず核兵器は廃絶できると確信しました」

被爆体験の継承《けいしょう》が課題となる中、若人《わこうど》の新しい熱と力《ちから》が拡大していることに、私は大いなる希望を感じてならない。

シルクロードを越《こ》えて伝えられてきた東洋思想の精華《せいか》に、一つの説話がある。

ある場所に集い合った大勢の若者たちが、より良い世界を築きたいと共に願った。その瞬間、それぞれが持ち寄った傘《かさ》が一つに合わさり、地球をも包み込む壮麗《そうれい》な傘が現《あらわ》れた、と。

脅威《きょうい》と脅威が角突《つのつ》き合わせる〝核の傘〟で覆《おお》われた状態からは、真に平和な世界は築けない。地球に生きる全ての民衆の生命と尊厳《そんげん》を守る〝平和と人道《じんどう》の傘《かさ》〟をつくりあげる挑戦を、今こそ開始すべきである。

国連総会に開催が勧告《かんこく》された来年（２０１７年）の会議こそ絶好の機会だ。会議を何としても実現し、核兵器の禁止に向け、条約づくりを軌道《きどう》に乗せなければならない。

そのためには、オバマ大統領が演説で自戒《じかい》を込めて強調した「恐怖の論理」からの脱却《だっきゃく》が、まずもって必要となる。

核兵器の非人道性《ひじんどうせい》を胸に刻み、「どの国にも核の惨劇《さんげき》を絶対に引き起こしてはならない」との決意を深め合い、歩み寄ることが何にもまして肝要《かんよう》だ。被爆者《ひばくしゃ》の方々をはじめとする広島の声が一貫して訴えてきたように、核時代に終止符《しゅうしふ》を打つ道は、この一点に共に立つことから開かれる。

＊1　共同通信　２０１６年5月27日　配信

核兵器禁止条約の国連採択《さいたく》

核なき世界へ　市民の声を

【神奈川新聞】2017年9月8日

長年、〝不可能〟と言われ続けてきた条約が、この7月に、国連で採択《さいたく》されました。

「核兵器禁止条約」です。前文には、「ヒバクシャ」の文字が刻まれています。広島と長崎の惨劇《さんげき》を二度と繰《く》り返してはならないとの思いが多くの国で共有《きょうゆう》される中、ついに成立をみたのです。

「横浜も原爆投下の目標地《もくひょうち》になっていた」

神奈川新聞の1面で、この記事を見た時の衝撃《しょうげき》を、私は今も思い起こします。1979年5月、横浜で中国からの賓客《ひんきゃく》を迎える朝でした。

終戦から30年以上もたって、初めて明らかになった事実です。

大好きな横浜は、私にとって核兵器廃絶《はいぜつ》への誓《ちか》いを深める場所でもあります。

60年前（1957年）の9月8日、わが師・戸田城聖先生は「原水爆禁止宣言」を発表しました。民衆の生存の権利を奪《うば》う核兵器は〝絶対悪〟であり、使用を許してはならないと、5万人を前に断言《だんげん》した会場が、横浜・三ツ沢《みつざわ》の競技場だったのです。

この宣言を原点に、私たちは、核兵器の非人道性《ひじんどうせい》を浮《う》き彫《ぼ》りにし、禁止への潮流を高めるための展示を、ニューヨークやモスクワをはじめ、神奈川県が交流を結《むす》ぶマレーシアのペナン州等、世界の多くの場所で行ってきました。

核の問題を、どこか遠くに感じる人も、写真や展示物から原爆被害《ひがい》の実相を知れば、〝もし、自分の住む街で同じ惨劇《さんげき》が起きたら〟との思いを巡《めぐ》ら

アメリカ・ニューヨークの国連本部で行われた核兵器禁止条約の交渉会議の席上、
条約採択が決まり、喜び合う市民社会の代表ら（2017年7月）

せるきっかけとなるに違《ちが》いない、と。

あの神奈川新聞の報道の3カ月後に開設（1979年）した戸田平和記念館（横浜市中区）でも核の脅威《きょうい》展等の展示を継続《けいぞく》し、国内外の100万人を超《こ》える方々が見学しています。

◆

交流してきた団体に、核廃絶《はいぜつ》を求める科学者のグループ「パグウォッシュ会議」があります。その創設に影響を与え、横浜に足跡を留《とど》めたこともある哲学者ラッセルは、日本へ呼び掛《か》けました。

核兵器の脅威が、なぜ続くのか。背景には、人々の間に、この問題は「どうしようもないといった圧倒的《あっとうてき》な感情」[*1]があることが大きい、と。

この厚い壁《かべ》を打ち破らんと、勇敢に声を上げてきたのが、被爆者《ひばくしゃ》を中心とする「核なき世界」を求める市民社会の連帯《れんたい》にほかなりません。被爆者にとって核兵器の問題は、「どうしようもない」と諦《あきら》め、看過《かんか》していられるものでは決してなく、「何としても解決の道を開かねばならない」ことだからです。

横浜に住む私の妻の友人は、母親が長崎で被爆し、被爆2世として幾多《いくた》の苦労を乗り越《こ》えてきました。今も、地域で若い世代に平和を訴えています。「戦争はいけん！　原爆は二度といけん！」と声を振《ふ》り絞《しぼ》って叫《さけ》んだ母の悲願を、語り継《つ》いでいるのです。

◇

今月（2017年9月）20日から、核兵器禁止条約への各国の署名が始まります。核なき世界へ前進するためには、国際世論のさらなる喚起《かんき》が不可欠であり、その推進力となるのは、条約でも重要性が強調された平和・軍縮《ぐんしゅく》教育でありましょう。

その先駆《せんく》の活動を積極的に展開されてきたのが、神奈川です。

横浜市は、国連から「ピースメッセンジャー」の称号を贈られています。

受賞30周年を迎え、平和・軍縮《ぐんしゅく》教育の波動が、世界に開かれた神奈川の天地から一段と力強《ちからづよ》く起きることを、願ってやみません。

*1　B・ラッセル『人類に未来はあるか』日高一輝訳、理想社

「わたしと宇宙展」

ヒロシマの心　地球の奇跡《きせき》

【中国新聞】２０１８年10月５日

若き日に手にした、忘れ得ぬ被爆《ひばく》体験集があります。『星は見ている』という、犠牲《ぎせい》になられた中学生の父母《ふぼ》たちの手記集です。

一人のお母さんは、８月６日の前夜、息子さんと二人で屋根から星空を見上げ、平和への思いを語り合いました。数日後、最愛の息子を原爆に奪《うば》われた悲しみをこらえ、外に出ると、地上は焼け野原に一変していましたが、夜空にはいつもと変わらぬ美しい星が輝いていました。以来、母は子息を思い、広島の星空を仰《あお》いだというのです。「この地上に再びあのような惨禍《さんか》が起きないようにと、夜毎《よごと》、静かに私たちを見つめているように思われてきました」[*1]と。

◆

私も戦時中、防空壕《ごう》から見えた流れ星に、戦争のない世界を願わずにいられなかった一人として、広島の母の心は痛いほど伝わってきました。

〝哲学（＝学問全般）は宇宙という壮大な書物のなかに書かれている〟とは、大科学者ガリレオ・ガリレイの慧眼《けいがん》です。宇宙に心を広げ、探求《たんきゅう》することと自体、生命の尊厳性《そんげんせい》に気付《きづ》き、平和の哲学を学ぶ一歩ではないでしょうか。

こうした先哲《せんてつ》の信条が掲《かか》げられた「わたしと宇宙展　奇跡の地球《ほし》に生きる」が、この10月（2018年）、平和の都《みやこ》・広島で開催の運びとなりました。

星にも「生」があり、「死」があり、その繰《く》り返しがあります。同展では、神秘的《しんぴてき》な宇宙の律動《りつどう》を伝える天体写真も展示されます。毛皮の帽子をかぶったような「エスキモー星雲《せいうん》」は、星の死に向かう姿を伝えます。生まれたばかりの青い星々を抱《いだ》いているような「子持《こも》ち銀河」は、まるでご近所の仲むつまじい家族を目の当たりにしているような親しみを覚えます。

最近の観測では、124億光年のかなたに、私たちの生きる天《あま》の川《がわ》銀河の約千倍もの勢いで星を生み出す〝モンスター銀河〟も見つかりました。

尾道《おのみち》出身で惑星気象学の開拓者《かいたくしゃ》の宮本正太郎《みやもとしょうたろう》博士は、「変化の起こるところでなければ進歩向上はあり得ない」*2と洞察《どうさつ》されました。

大宇宙と小宇宙たる人間を貫《つらぬ》く生命の力《ちから》は、困難《こんなん》に遭《あ》うたび、その強さを増していきます。

未曽有《みぞう》の苦境《くきょう》から幾度《いくど》も不死鳥《ふしちょう》のごとき生命の力で蘇生《そせい》し、再生してきた広島こそ、「レジリエンス（困難を乗り越《こ》える力）」の都《みやこ》であります。

私はこの6月、ノーベル平和賞受賞者で、南米アルゼンチンの人権の闘士であるペレス＝エスキベル博士と、平和を訴える共同声明「世界の青年へレジリエンスと希望の存在たれ！」を発表しました。博士が、平和とレジリエンスの大いなる希望を見出《みいだ》されたのも広島訪問だったのです。

◆

広島の負けない心は、奇跡《きせき》の地球の奇跡の心です。

私の妻が知る広島の婦人は、大病など人生の試練を幾《いく》たびも乗り越《こ》えてきました。その大きな支《ささ》えは何であったか。友人から寄せられた、「広島の子じゃけえ、負けんのんよ」との励ましでした。世代を重《かさ》ねて磨《みが》きあげられた広島の負けない心には、幸福と平和の確かな光源があります。

西日本豪雨災害（2018年7月）から3カ月。力《ちから》を合わせて復興《ふっこう》へ前進される広島の方々が、宇宙を見つめ、宇宙を友に、生命の輝きを増し、希望の光をいっそう放《はな》ちゆかれる機会となれば何よりです。

＊1　藤野としえ「星は見ている」、秋田正之編『星は見ている』所収、鱒書房

＊2　宮本正太郎『星と話そう』PHP研究所

「大江戸展」

長崎から生命の讃歌《さんか》を

【長崎新聞】2018年1月3日

平和の都《みやこ》・長崎の悲願であり、歴史を画《かく》する「核兵器禁止条約」が、その発効《はっこう》へ前進する年が開幕しました。

忘れ得ぬ北村西望《きたむらせいぼう》先生は、あの渾身《こんしん》の「平和祈念像」に、宗教や人種や国籍を超《こ》えて、「あらゆる人に受容《じゅよう》される普遍的《ふへんてき》次元に立って祈る」*1との意義を込められました。いかなる差異《さい》も乗り越《こ》え、人類の心を平和へと結《むす》び合えるのが、文化の力《ちから》でしょう。

この春、ここ長崎で、日本文化の粋《すい》を展覧できる「大江戸展」が開催（長崎県美術館、２０１８年3月24日～5月27日）の運びとなり、喜びに堪《た》えません。

◆

江戸時代、「文化の東漸《とうぜん》」と呼ばれる潮流がありました。源《みなもと》は他《ほか》でもない、世界との交流の開かれた窓・長崎です。長崎から京・大坂へ、さらに江戸へと、新たな文化の息吹《いぶき》が伝わっていったのです。

江戸中期の画壇《がだん》に新風を起こした伊藤《いとう》若冲《じゃくちゅう》に大きな影響を与えたのも、長崎生まれの画家・鶴亭《かくてい》です。鶴亭は、長崎に2年間滞在《たいざい》した清《しん》の画家・沈《しん》南蘋《なんぴん》の画法をその直弟子に学び、広げていきました。今回、若冲のユニークな傑作《けっさく》《象図《ぞうず》》が展示されます。異国の動物である象を見たことがない当時の庶民に、大変な評判を呼んだといいます。

この絵は、天明《てんめい》の大火《たいか》（１７８８年）で自宅や画室まで失った若冲が、絶望に屈《くっ》せず70代で完成させたものです。その不屈《ふくつ》の画風のルーツも、ここ長崎に遡《さかのぼ》るわけです。ですから、この「大江戸展」は、時空《じくう》を超《こ》えた、長崎への

〝文化の里帰《さとがえ》り展〟とも言えるのではないでしょうか。とともに、本展を通し、若い世代の方々にも、江戸文化に躍動《やくどう》する「生命の讃歌《さんか》」を感じ取って頂ければ、うれしい限りです。

「美は生のしるし」＊2「私は生命《いのち》の豊かさを讃《たた》える」＊3と謳《うた》い上げたのは、長崎生まれの青年詩人・三富朽葉《みとみきゅうよう》です。会場で、多彩《たさい》な草花や雄渾《ゆうこん》な波濤《はとう》などの屏風《びょうぶ》絵《え》、《風神雷神図襖《ふうじんらいじんずふすま》》等の名画を前にする時、森羅万象《しんらばんしょう》に漲《みなぎ》る生命力が迫ってくることでしょう。

また、被爆《ひばく》2世の私の友人が「江戸の敵《かたき》を長崎が討《う》つ」という言葉を通し、長崎の職人の冴《さ》え光る匠《たくみ》の技《わざ》について語ってくれたことがあります。特集展示される漆《うるし》工芸の名品も、職人の宝庫《ほうこ》たる長崎では、ひときわ深く鋭《するど》く鑑賞《かんしょう》して頂けるに違《ちが》いありません。

◆

世界を魅了《みりょう》した葛飾北斎《かつしかほくさい》の《冨嶽《ふがく》三十六景》や歌川広重《うたがわひろしげ》の《東海道五拾《ごじゅう》

三次《さんつぎ》》などの浮世絵《うきよえ》も出品されます。

私が共に対談集を発刊したフランスの作家で文化大臣だったアンドレ・マルロー氏は、江戸絵画の自在《じざい》な表現に注目し、「浮世絵は西洋絵画に自由をもたらした」[*4]と、革命的な影響を強調しました。まさに文化の交流は、人類の新たな創造力を引き出し、共感《きょうかん》と連帯《れんたい》を広げます。

今、文学をはじめ、さまざまな分野で、長崎を故郷とする世界市民の活躍がいっそう輝きを増しています。

本展が、愛する長崎から、「生命の讃歌《さんか》」「文化の讃歌」そして「平和の讃歌」を響《ひび》かせゆく春の催《もよお》しになればと、念願してやみません。

＊1　北村西望『百歳のかたつむり』日本経済新聞社
＊2　矢野峰人・杉本邦子監修『三富朽葉全集』2、牧神社
＊3　同『三富朽葉全集』1
＊4　ミシェル・テマン『アンドレ・マルローの日本』阪田由美子訳、ティビーエス・ブリタニカ

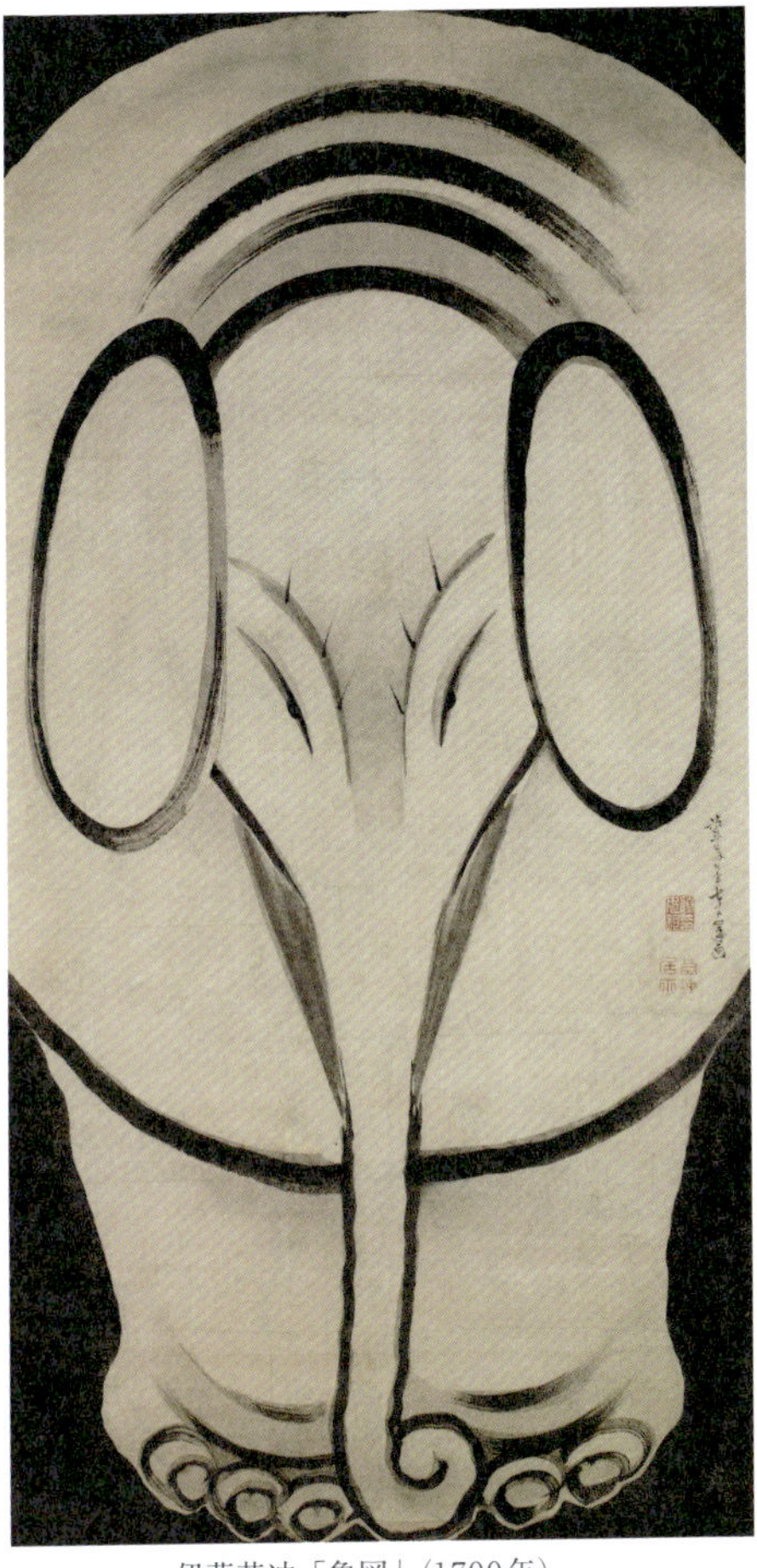

伊藤若冲「象図」(1790年)

「遥《はる》かなるルネサンス」展　神戸展

希望の港・神戸から　人間復興《ルネサンス》の大光《たいこう》を

【神戸新聞】２０１７年４月20日

大好きな神戸の開港１５０年は、ひときわ明るく賑《にぎ》やかに祝賀したいと、私は願ってきた一人です。

イタリアとの友情で実現に至《いた》った「遥《はる》かなるルネサンス」展が、うれしいことに、日本で最初に神戸市立博物館で開催（4月22日〜7月17日）の運びとなりました。

「魂《たましい》もあらゆる豊かさや、多様性を喜ぶものである」[*1]とは、ルネサンスの芸術家アルベルティの言です。

それは、まさしく世界市民の港・神戸に漲《みなぎ》る息吹《いぶき》でもありましょう。

本展が、豊かにして多彩《たさい》な魂と魂の共鳴《きょうめい》を幾重《いくえ》にも奏《かな》でゆく、交流の広場となることを私は確信します。

◇

今回の展示を、時空《じくう》を超《こ》えて案内してくれるのは、1582年、戦乱の絶《た》えない日本から勇敢《ゆうかん》に飛び出して、ルネサンスの文化に直接触《ふ》れた「天正《てんしょう》遣欧《けんおう》少年使節《しせつ》」の4人です。リーダーを描《えが》いた《伊東マンショの肖像《しょうぞう》》からは、障壁《しょうへき》に怯《ひる》まず未知の世界へ渡航して、異文化を学び、成長した若人《わこうど》の誇りが伝わります。

8年半の旅を終え、帰国した使節が、学び取った知見や持ち帰った文物《ぶんぶつ》を諸侯《しょこう》に披露《ひろう》したのは、海上交通の要衝《ようしょう》・室津《むろつ》（兵庫県たつの市）でした。

〝もっと広大な世界に心を開こう〟との使節の真情は、ここ兵庫から伝播《でんぱ》したといえましょう。

私が親交を結《むす》んだ神戸育ちの東山魁夷画伯《ひがしやまかいいがはく》は、青年時代、フィレンツェのウフィツィ美術館などでルネサンスの巨匠《きょしょう》の傑作《けっさく》に圧倒されました。とともに、初期ルネサンスの名品に日本画に似た作風を発見し、日本美術の持つ可能性に目を開かれ、励まされたといいます。

「表現し得《う》る自分なりの世界があるはずだ」[*2]と。

新しい世界との出会いは、新しい自分の発見となり、新しい価値の創造へ連動していくものでしょう。

◆

《ビア・デ・メディチの肖像》は、本邦《ほんぽう》初公開です。

ルネサンスを庇護《ひご》したメディチ家の当主コジモ1世が、最愛の娘を病気に奪《うば》われた悲しみの淵《ふち》から画家ブロンズィーノに依頼したものです。そこには、短くも健気《けなげ》に生き切った尊き命の輝きがあり、亡《な》き娘への尽《つ》きることのない哀惜《あいせき》が込められています。

生死を超《こ》えた人間の絆《きずな》と、深き生命の継承《けいしょう》が偲《しの》ばれてなりません。

私の妻がよく知る婦人は、阪神《はんしん》・淡路《あわじ》大震災（1995年）で夫と幼い二人の愛娘《まなむすめ》を亡くされました。婦人は兵庫県の追悼《ついとう》式典で、「夫と子どもたちは、私の心の中に、永遠に生き続けて、私をずっと見守ってくれている」と語られました。「ママ、輝いてるね」と喜んでくれるよう、人に尽くす生き方をと決め、東北の被災地《ひさいち》の友にも真心の励ましを送られています。

◇

思えば、少年使節団《しせつだん》が持ち帰った宝《たから》の文物《ぶんぶつ》の中に、グーテンベルクが発明した印刷機もありました。日本における活版《かっぱん》印刷の大いなる源流《げんりゅう》です。

あの大震災の渦中《かちゅう》にも、神戸新聞が印刷を断《だん》じて止めず、発刊を貫《つらぬ》き通した戦いが思い起こされます。

奇跡《きせき》の大復興《だいふっこう》を成し遂《と》げられた、不屈《ふくつ》の民衆の勇気と忍耐《にんたい》と連帯《れんたい》に、私は満腔《まんこう》の敬意を表します。

私が共に対談集を発刊したローマクラブの創始者《そうししゃ》ペッチェイ博士は、「人間精神のルネサンス」を呼びかけられました。一人一人が内面に、理解力、創造力、団結力、学習力、慈愛心《じあいしん》など莫大《ばくだい》な富《とみ》を持つ。それを発揮《はっき》する人間革命が、これからの人類に必要だと結論されたのです。

少年使節《しせつ》が見たルネサンスの輝きを伝える本展を通し、神戸をはじめ関西の若き世界市民たちは美の至宝《しほう》と対話し、生命の新たな創造の力《ちから》を引き出してくれることでしょう。

そして、かけがえのない希望の港・神戸から、人間復興《ルネサンス》の大光《たいこう》がいやまして赫々《かっかく》と放《はな》たれゆくことを、私は祈っております。

＊1　L・B・アルベルティ『絵画論』三輪福松訳、中央公論美術出版
＊2　東山魁夷「回想のサン・マルコ修道院」、「現代の眼　東京国立近代美術館ニュース」302号所収、東京国立近代美術館

市制施行80周年記念　「美の東西」展　新居浜《にいはま》市展

創造は出会いから生まれる

【愛媛新聞】２０１７年４月28日

創造は出会いから生まれるものでしょう。

海青く、山青き愛媛は、古来《こらい》、「美」の出会いに満ち、新たな文化創造の生命力をたたえた天地です。

江戸期の伊予八藩《いよはっぱん》の頃から、多くの絵師の活躍が光ってきました。

実は、フランス印象派の絵画が日本でこよなく愛されるようになった源《げん》流《りゅう》も、ここ愛媛に縁《えにし》があります。工都・新居浜《にいはま》の発展に寄与した住友春翠翁《すみともしゅんすいおう》が入手し、紹介したモネの２枚の名画が始まりなのです。

また春翠《しゅんすい》が支援した、洋画の先駆者《せんくしゃ》・黒田清輝《くろだせいき》に学んだ一人が、松山《まつやま》ゆかりの図案家・杉浦非水《すぎうらひすい》です。優美でモダンな作品を生み、日本のグラフィック・デザインの礎《いしずえ》を築きました。

同じく愛媛生まれの画家・大智勝観《おおちしょうかん》も、師の横山大観《よこやまたいかん》と共に欧州で展覧会を成功させるなど、師弟一体で、世界に誇る日本美術の新潮流を起こしています。

幾多《いくた》の美の創造の旗手《きしゅ》を育ててきたのが愛媛です。

このほど、新居浜《にいはま》市の市制施行80周年を記念して、「美の東西」展が開催（新居浜市美術館・あかがねミュージアム、２０１７年4月29日〜6月25日）の運びとなりました。東京富士美術館の所蔵品から、モネやルノワールなど西洋絵画の名品と、横山大観、上村松園《うえむらしょうえん》等の珠玉《しゅぎょく》の日本画を併《あわ》せて紹介する企画です。

◆

本展には、東西の女性美との出会いもあります。

横山大観「雪月花・夜桜（花）」(1952年)
© 東京富士美術館イメージアーカイブ/DNPartcom

18世紀のフランス宮廷の貴婦人から20世紀の日本女性まで、いずれの肖像画も穏《おだ》やかな中に、いのち輝くほほ笑みを浮かべています。

愛媛の県名の由来「愛比売《えひめ》」には、「笑顔の素晴らしい太陽のような女性」[*1]との意味があるといいます。

衝突《しょうとつ》や分断が打ち続く現代社会にあって、生命を慈《いつく》しみ育《はぐく》む愛媛の女性たちの「愛顔《えがお》」は、まさしく希望の陽光でしょう。

◆

お世話になる会場の新居浜《にいはま》市美術館は、1959年に開館した郷土館《きょうどかん》、その後の郷土美術館が前身であると伺《うかが》いました。「郷土のために」という尊き志《こころざし》を貫《つらぬ》いてこられた宝城《ほうじょう》です。

私の先師・牧口常三郎《まきぐちつねさぶろう》先生（創価学会初代会長）は、「郷土という足場があってこそ、人は真に世界とつながることができる」と洞察《どうさつ》しました。

文化は、時空《じくう》を超《こ》えて、郷土と世界を結《むす》ぶ力《ちから》です。

地元の誉《ほま》れの美術館で、ご家族や地域の近しい友人の方々と、人類の美の宝《たから》に親しむ機会は、心豊かな思い出ともなりましょう。

そして、本展の楽しき鑑賞《かんしょう》を通し、明日への新たな創造の活力《かつりょく》を満々と湧《わ》き立たせていただければ、これに勝《まさ》る喜びはありません。

＊1　合田洋一「『伊予』と『愛媛』の語源――『言素論』が解き明かす」、「松前史談」第31号所収、松前町松前史談会

「長くつ下のピッピの世界展」

太陽の心輝く「日本一の読書県」

【宮崎日日新聞】2018年12月13日

本を開くことは、未来を開くことです。

北欧スウェーデンの児童《じどう》文学の母アストリッド・リンドグレーンさんは語りました。

明日の世界は、「今まさに読むことを学んでいる人たちの想像力の大きさにかかっています。だからこそ、子どもたちには本が必要なのです」[*1]と。

日本とスウェーデンの外交関係樹立《じゅりつ》150周年の本年、「日本一の読書県」を目指《めざ》す宮崎県で、リンドグレーンさんの代表作と生涯に学ぶ「長くつ下のピッピの世界展」が開催（みやざきアートセンター、2018年12月15日〜2019年1月27日）の運びとなりました。

◆

名作『長くつ下のピッピ』は、風邪《かぜ》で寝込《ねこ》んだ愛娘《まなむすめ》を喜ばそうと、リンドグレーンさんが即興《そっきょう》で語り聞かせた物語が基《もと》であるといいます。「世界一つよい女の子」ピッピは天衣無縫《てんいむほう》で、どんな試練も恐れずに、笑い飛ばすエネルギーが漲《みなぎ》っています。

難破《なんぱ》した無人島でも、友だちを「海のとどろきを聞いて！ 最高の子守唄《こもりうた》だから」[*1]と励まし、雪つもる北国でも「心さえ温かければ凍《こご》えたりしないって」[*1]と朗《ほが》らかです。

この底抜けに明るい「太陽の少女」ピッピは、きっと「太陽の国」宮崎が大好きになるに違《ちが》いありません。

「生まれてきてよかった」

「生きていることが楽しい」
「何があっても負けない」
こうした「太陽の心」が、日向《ひゅうが》の天地・宮崎には満ちているからです。

◇

私も敬愛する宮崎生まれの若山牧水《わかやまぼくすい》先生は詠《うた》いました。

「若竹《わかたけ》の　伸びゆくごとく　子ども等《ら》よ　眞直《ます》ぐにのばせ　身をたましひを」[＊2]

若き生命に具《そな》わる無限の力《ちから》を解《と》き放《はな》ち、天高く伸ばしゆく人間教育の陽光を、宮崎の先人方《せんじんがた》は輝かせてきました。

日本で初の女性の小学校長・鳥原《とりはら》ツル先生は、運動場などでも児童《じどう》に寄り添《そ》い、大らかに育《はぐく》まれたといいます。

小惑星《しょうわくせい》にその名を残す天文家の薦田《こもだ》一吉《かずよし》先生は、星空教室で夢を宇宙大に広げました。

「児童福祉《ふくし》の父」石井十次《いしいじゅうじ》先生は、孤児《こじ》の救済《きゅうさい》に人生を捧《ささ》げられています。この石井先生を支《ささ》えたのは、お母さんから学んだ「当《あた》って砕《くだ》けよ[*3]」という挑戦の勇気です。

子どもの可能性を信じて、長い目で見守る愛情がどれほど大切か。ピッピのように、どの子もそれぞれに「世界一つよくなれる」――この希望の励ましを、私たちは送っていきたいと思うのです。

◆

リンドグレーンさんは、40年前（1978年）、「暴力は絶対だめ！[*4]」とのスピーチを行いました。

この一人の母の叫《さけ》びから、翌年、スウェーデンで、子どもへの体罰《たいばつ》禁止の法律が世界に先駆《さきが》け成立したことも、忘れ得ぬ歴史です。

子どもたちが本を開く時、世界を変える「奇跡の力《ちから》」が開かれる。これがリンドグレーンさんの確信です。

「太陽の国」宮崎の「太陽の子」たちがピッピと共に、明日を照《て》らす奇跡《きせき》の力《ちから》を楽しく育《はぐく》む展示会となれば、うれしい限りです。

＊1　菱木晃子監修『長くつ下のピッピの世界展〔図録〕』東映・東京富士美術館

＊2　「やよ少年たちよ」、大岡信・佐佐木幸綱・若山旅人監修『若山牧水全集』13所収、増進会出版社

＊3　石井記念協会『石井十次伝』大空社

＊4　アストリッド・リンドグレーン『暴力は絶対だめ！』石井登志子訳、岩波書店

福光《ふっこう》を未来へ

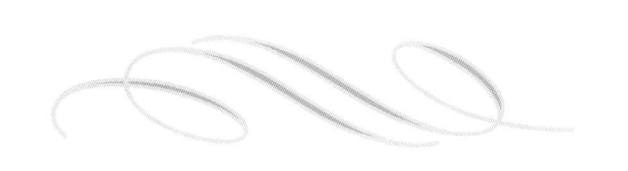

人材の青森から希望の青き光を！

【東奥日報】２０１５年11月7日

青森――「青い森」、何とロマンの響《ひび》きでしょうか。

青い空、青い海、青い山、青い湖。青森の「青」は、まさに希望の色です。

今年の秋も、青森県から稲妻《いなずま》の如《ごと》く鮮烈に、希望の光が広がりました。

その名も「青天《せいてん》の霹靂《へきれき》」と名づけられた新種の特A米の誕生です。仕事柄、各地の米を賞味してきた私の友人も、「驚くほど美味《おい》しい絶品！」と感嘆《かんたん》していました。

「白米《はくまい》は白米にはあらず・すなはち命なり」という先哲《せんてつ》の至言《しげん》があります。

ひときわ厳《きび》しい北国の自然環境と戦い、粘《ねば》り強く創意工夫《そういくふう》を重《かさ》ね、尊い希望の命を育《はぐく》み続ける青森の方々に、感謝は尽《つ》きません。

◇

青森の「青」は、英知の色でもあります。それは、奥入瀬《おいらせ》の渓流《けいりゅう》のように、たゆまず試練に挑《いど》む中で、色冴《さ》える不屈《ふくつ》の英知です。

青森の貴重な縄文遺跡群《じょうもんいせきぐん》の一つ、三内丸山《さんないまるやま》遺跡は、十和田湖《とわだこ》をつくった噴火を境《さかい》に、それまでにはなかった巨大な竪穴式《たてあなしき》住居の集落や円筒《えんとう》土器文化が発達したものとされます。そこには、大災害に応戦して、新たな知恵を発揮した先人《せんじん》たちの「負けじ魂」が偲《しの》ばれます。

1910年、世界でただ一人、太陽面を通過するハレー彗星《すいせい》の観測に成功したのは、八戸《はちのへ》の前原寅吉《まえはらとらきち》氏です。独学で天文学を修《おさ》めた庶民の苦労人でした。人々を苦しめる冷害を防ぎたいと願って探究《たんきゅう》を深め、生活に密着した多くの発明品も生み出しています。

東日本大震災（2011年）の後、私の知る黒石《くろいし》市の壮年は、市内初の自主防災組織を立ち上げました。地域の皆の安全を、どう確保していくか。その課題を直視し、自分たちの力《ちから》で命を守るコミュニティーを創出《そうしゅつ》したのです。友のため、郷土《きょうど》のため、断じて負けてたまるか——。この「じょっぱり」の勇気と慈愛《じあい》から、苦難《くなん》を乗り越《こ》える英知が湧《わ》き出《い》ずるのではないでしょうか。

◆

青森の「森」は、生命の麗《うるわ》しい連帯《れんたい》です。

青森には、心と心を結《むす》び合う妙《たえ》なる力《ちから》があります。調査によれば、郷土や方言に愛着をもつ県民が9割近くに上《のぼ》ります。[*1]「伝統的な祭りや伝統芸能」なども、皆の誇りになっています。

あのヘレン・ケラーさんは、1937年、弘前《ひろさき》市、青森市を訪れました。障《しょう》がいと闘う健気《けなげ》な子たちに、「最後まで頑張り通すこと」[*2]とともに、「一人

夏の十和田湖（1994年8月、著者撮影）

ではなく一致協力してやること」[*2]とエールを送っています。

私の妻の友人は、青森駅の近くで美容室を営《いとな》み、商店街の活性化《かっせいか》に尽《つ》くしてきました。義母の介護《かいご》など多忙な中でも、街の清掃や、アップルパイのコンテストなど、価値創造のスクラムを仲間と広げてきたのです。

連帯《れんたい》は、足《た》し算ではなく掛《か》け算の力《ちから》を生みます。

青森は、日本一長い東北道で首都圏と結《むす》ばれ、15の港湾《こうわん》、2つの空港を軸《じく》に、国内外にネットワークが開かれています。

とりわけ、縁《えにし》深き青森と函館《はこだて》は、じつに縄文《じょうもん》時代から交易《こうえき》が続いてきたと言われます。

明春（2016年）の北海道新幹線の開通によって、「津軽海峡《つがるかいきょう》交流圏」がいよいよ発展していくことが期待されます。

◆

青森は、「青年の森」「人材の森」です。

「従藍而青《じゅうらんにしょう》」――青は藍《あい》より青しとの言葉の如《ごと》く、青森の大地には、自分たち以上に青年を育てようとする父母《ちちはは》たちの励ましの心が脈打《みゃくう》っています。

私も若き日から、その温かな真心に感動してきた一人です。

20世紀の巨匠《きょしょう》・棟方志功画伯《むなかたしこうがはく》は回想しています。

――自分が「画家になる自信」を持てたのは、才能を見いだし、評価してくれた東奥《とうおう》日報の三行半の記事があったからである、[*3]と。

現在、行われている「東奥少年少女文芸大会」などの取り組みからも、必ずや素晴らしい未来の大樹が伸びゆくことでしょう。

私も、凛々《りり》しい青森の若人《わこうど》が大好きです。

半世紀近く前（１９６９年）、下北《しもきた》の中学生たちが皆で撮った集合写真を送ってくれました。以来、出会いと交流を重《かさ》ね、小学校の校長等、各界で立派に貢献してきた歩みを何よりうれしく聞いています。

青色ＬＥＤに象徴《しょうちょう》される「青」は新時代の色です。

大震災に屈《くっ》しない東北、そして日本が誇る「人材の森」青森は、希望の青き光で世界を照《て》らしゆくに違《ちが》いありません。

＊1　「郷土に関する意識調査等の結果報告書」平成24年10月30日、青森県企画制作部企画調整課
＊2　「東奥日報」２００９年1月31日付　夕刊
＊3　棟方志功『板極道』中央公論新社を引用・参照

秋田の「元気の種《たね》」から「栄光の道」が！

【秋田魁新報】２０１５年12月12日

わが秋田の友は明るい。

突き抜けた明るさがある。

「秋田」は「明田」なりと、私は思ってきました。

33年前（１９８２年）の1月、雪の秋田を訪れ、多くの友と語らいを重《かさ》ねる中、感じ入ったことがあります。

秋田の明るさは、どんな試練の吹雪《ふぶき》も朗《ほが》らかに乗り越《こ》えていく強さと一体である、と。

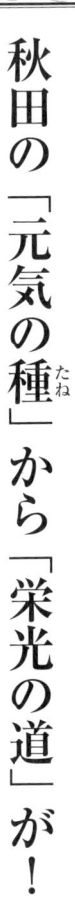

この折、雄物川《おものがわ》の河口付近で、雪の壁《かべ》が続き、真っすぐに伸びる一本の坂道を通りました。白銀の世界にあって、一歩一歩、坂道を登るように、毅《き》然《ぜん》と前進する秋田の心に思いを馳《は》せつつ、私はシャッターを切りました。

◆

この一本道が、今では、花の道となって市民から愛されていると、うれしい近況を伺《うかが》っています。

一時は、空き缶などゴミが投げ捨てられ、すっかり荒れてしまったそうです。そこで、16年前、地域の有志の方々が清掃活動を開始しました。

「花を植えれば、投げ捨ても減るかもしれない。皆の笑顔と幸せあふれる道にしよう」と、プランターを設置して種《たね》を蒔《ま》き、こまめに、粘《ねば》り強く面倒を見てこられたのです。一年一年の積み重《かさ》ねで、深紅《しんく》のベゴニアや橙《だい》色《だい》のマリーゴールドが美しく咲き薫《かお》る道に生まれ変わりました。

中心となって取り組まれてきた地域のお母さんは、私の妻の友人です。

「花の手入れを通して挨拶《あいさつ》を交《か》わすなど、地域の絆《きずな》が強くなりました」と、微笑《ほほえ》まれています。

昨夏は、宮城《みやぎ》の友が贈ってくれた大輪《たいりん》のひまわりも仲間入りしました。東日本大震災（2011年）の大津波で、石巻市《いしのまきし》の被災地《ひさいち》に流れ着いた種から、凜《りん》と花を咲かせた〝ど根性ひまわり〟の子孫たちです。

この花の街道は、いつしか〝グローリーロード（栄光の道）〟との愛称で呼ばれているといいます。

◇

真の偉人は、民衆の中にこそいる。とりわけ、私が感嘆《かんたん》するのが、「秋田の聖農《せいのう》」たちです。

その一人で、江戸時代の末期、小野《おの》地域の代表だった高橋正作《たかはししょうさく》先生の足跡を、秋田魁《さきがけ》新報に連載された伝記で学びました。

飢饉《ききん》の中、私財をなげうって、餓死者《がししゃ》を一人も出さず、村人を守り抜きます。さらに、再度の飢饉《ききん》に備《そな》えて木炭《もくたん》事業を興《おこ》し、村人の生活を支《ささ》える収入源を確保していきます。幾多《いくた》の風雪《ふうせつ》を越《こ》えた経験を活《い》かし、終生《しゅうせい》、秋田の農業発展に尽《つ》くされたのです。

私の先師であり、戦時中、平和の信条を貫《つらぬ》き獄死した牧口常三郎先生も、雪国の出身でした。地理学者であった先生は、雪は人類が生き抜くための数々の知恵を生み、文化を発展させる源《みなもと》となると強調しています。

豪雪《ごうせつ》地帯の秋田には、苦難《くなん》を耐《た》え抜く「負げね！」という心意気があります。それは、いかなる状況でも、信念を決して「曲げね！」誇りに通ずるといわれます。

だからこそ、逆境《ぎゃっきょう》から新たな価値を創造する不屈《ふくつ》のピープルパワー（民衆力）が脈打《みゃくう》っているのでしょう。

私のよく知る由利本荘《ゆりほんじょう》市の壮年は、名峰・鳥海山《ちょうかいさん》を望《のぞ》みながら、一家で酒米作りに精を出しています。

白銀の世界にまっすぐに伸びる一本の道（1982年1月＝秋田市、著者撮影）

始めた当初は、栽培《さいばい》がうまくいかず、稲《いね》が根元から折れ、青畳《あおだたみ》が一面に広がってしまいました。度重《たびかさ》なる失敗に悔《くや》し涙で5回目の挑戦をする中、〝早い時機に苗《なえ》の茎《くき》を折れば、茎が強くなり、稲が倒れない〟という記事が目に入りました。稲がストレスを感じることで植物ホルモンが発生し、苗が活性化《かっせいか》されるというのです。彼は祈りを込めて茎を折りました。すると数日後、稲はたくましく立ち上がり、伸びてきたのです。

その年の夏、天候不順による大冷害に見舞われましたが、立ち上がった稲は負けなかった。秋には豊かに実《みの》り、頭《こうべ》を垂《た》れた黄金の稲穂《いなほ》が田んぼ一面に広がったのです。

◆

幾度《いくど》となく私が訪れたブラジルにも、尊い秋田の心が深く強く刻まれていました。

20世紀の初頭、艱難《かんなん》の連続であった移民社会で、唯一の日本人医師として献身《けんしん》されたのが、湯沢《ゆざわ》市生まれの高岡専太郎《たかおかせんたろう》博士です。風土病やマラリアに苦しむ人々の診療を続けるとともに、予防医学を普《ふ》及《きゅう》し、日系社会の繁栄《はんえい》の〝種《たね》〟を蒔《ま》かれた功労者です。

博士は語っています。

「骨折《ほねお》って蒔いた種はやがてその実を刈《か》り取る時が必ず来る」[*1]と。

秋田の「秋」の語源は、豊かに実ることを意味する「あきみちる（飽《あ》き満《み》ちる）」との説があります。

今、秋田県では、農山漁村を応援する「元気ムラ」プロジェクトを推進されています。また、「あきた県民文化芸術祭」と銘打《めいう》って各地でイベントを開いて、地域に元気を贈っています。

「蒔かぬ種は生《は》えぬ」です。一日一日、「元気の種」を一つ一つ蒔き続けていくことが、必ずや幾重《いくえ》にも希望の花を咲かせ、やがて飽き満ちるほど豊かな幸福の実りをもたらすでしょう。

東洋の箴言《しんげん》に「雪至《いた》って白ければ染《そ》むるに染められず」とあります。信念に染め抜かれた、白雪のように清く明るい秋田の心は、東北から日本、さらには世界へ、清く明るい「栄光の道」を開きゆかれることでしょう。

＊1　押切宗平『高岡専太郎』無明舎出版

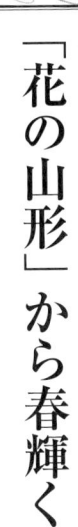

「花の山形」から春輝く

【山形新聞】2016年2月2日

新しい一年、日本列島に真っ先に春を告《つ》げるのは、「花の山形」です。東京のわが街でも、山形の友から届けられた啓翁桜《けいおうざくら》が正月を寿《ことほ》いでくれました。寒冷の訪れが早い山形では、桜の休眠《きゅうみん》も早い。その分、桜は早く目覚める。厳《きび》しい冬の逆境《ぎゃっきょう》を活《い》かして、日本一の出荷量《しゅっかりょう》を誇る特産です。

元日付の山形新聞では、世界一の桜並木を目指《めざ》す「最上川《もがみがわ》さくら回廊《かいろう》」の植樹が、今年も県内5会場と、東日本大震災（2011年）の被災地《ひさいち》・宮城県東松島市《ひがしまつしま》で行われると紹介されていました。木を植えることは、命を植えることです。復興《ふっこう》の願いを託《たく》す命の宝樹《ほうじゅ》とともに、希望も育っていくことでしょう。

◆

「花の山形」には、「思いやり」という心の大地があります。

半世紀ほど前（1964年）、蔵王《ざおう》の友人が案内してくれ、吹雪《ふぶき》に凛《りん》と立つ氷の花・樹氷《じゅひょう》を見た思い出があります。その感銘とともに、極寒の中、温かく迎えてくれた方々の真心に感謝は尽《つ》きません。たえまなく雪をかき、踏《ふ》み固めて道をつくる苦労も、来訪者が無事故で快適に過ごせるように、との心配りも、胸にしみました。

人を思いやり、労をいとわぬ心が、春を呼ぶのでしょう。

西川町《にしかわまち》出身で地域医療に献身《けんしん》された志田周子《しだちかこ》さんの生涯は、映画にもなり、感動を広げています。お父様に頼《たの》まれ、3年間という約束で故郷の無医《むい》村《そん》の医師となりました。深い雪の日も、患者のもとへ駆《か》けつけた。急患《きゅうかん》の子どもをソリで半日かけて町の病院へ運んだこともある。そうした悪戦苦闘を突き抜けて、「私は老人と子供を守ります」*1と宣言し、村で崇高な使命の一生を飾っていかれたのです。

私も、信頼する山形の仲間たちと、「郷土《きょうど》を心から愛せる精神こそ、人間性を守る防波堤《ぼうはてい》なり」と語り合ってきました。

2011年の調査で、山形はボランティアの年間行動者率が35％で全国1位――実に、3人に1人の方がボランティアを行っておられることになります。

私の妻が知る婦人は、花笠踊《はながさおど》りの発祥地《はっしょうち》・尾花沢《おばなざわ》で、舞踊《ぶよう》サークルと、介護《かいご》ボランティアの活動に取り組んでいます。がんと自《みずか》ら闘いながら、母を介護し、看取《みと》りました。その体験を通して、励ましの大切さを痛感し、「少しでも皆の力《ちから》になりたい」と行動を始めたのです。

人生にも、社会にも、長いトンネルに入ったかのように、先行きが見えない暗闇《くらやみ》があります。

その時は、まず周《まわ》りの人のために、思いやりの灯《あか》りをともす。すると、自分の前もぱっと明るくなり、進むべき行く手が見えてくるのではないでしょうか。

◇

「花の山形」には、「不屈《ふくつ》の努力」という根っこがあります。

新庄《しんじょう》市生まれの農村指導者・松田甚次郎《まつだじんじろう》は、「何時《いつ》どんな目にあっても悲観するな。禍災《かさい》を転じて幸《さいわ》いとなすべきである」＊2と語っておりました。

夏は猛暑、冬は厳寒の過酷《かこく》な自然に負けず、米どころにして果実王国と謳《うた》われる山形の農業が築かれたのは、先人《せんじん》たちの不屈の努力あればこそでしょう。

近年、山形では、農業で新規就業者が増え、尊い伝統が若々しく継承《けいしょう》されています。

山形市内で少年少女らと記念写真に納まる（1983年4月）

日本の宝《たから》たる山形の伝統工芸も、匠《たくみ》の心が光ります。私の友人で、天童《てんどう》の将棋駒《しょうぎごま》の伝統工芸士は、「未来の自分へのメッセージを込め一作一作が真剣勝負」と常に最高を目指《めざ》しています。一文字一文字に心を込め、駒《こま》に命を吹き込むというのです。何より喜んでいるのは、後《うし》ろ姿を見て育ったお子さんが、あとに続いていることです。

◆

「花の山形」には、生活を彩《いろど》る歌があり、踊《おど》りがあります。それは、どんな試練にも、皆で朗《ほが》らかに挑《いど》む勇気の響《ひび》きであり、団結の舞《まい》です。

世界的に親しまれる「花笠音頭《はながさおんど》」は、もともと徳良湖《とくらこ》の堤《つつみ》を築く際の作《さ》業唄《ぎょううた》にさかのぼると聞きました。共に歌い、かけ声で呼吸を合わせて、後世のための難工事を、快活《かいかつ》に成し遂《と》げてくれたのです。

今、山形県は「挑みの八策」を掲《かか》げ、食産業、森林資源、持続可能な社会、観光、若者・元気シニアの定着・移住、子育て、女性の活躍、文化をキーワードとして、「やまがた創生《そうせい》」に取り組まれています。

少子高齢《しょうしこうれい》社会にあって、さまざまな難問は絶《た》えません。だからこそ、わが友も「ヤッショ　マカショ」と声をかけ合い、励まし合って、理想郷（アルカディア）の建設に挑戦しています。

哲人・阿部次郎《あべじろう》は、ふるさと山形の「雪の明日《あした》」[*3]という言葉を大切にしました。それは、吹雪《ふぶき》を勝ち越《こ》えたあとには、必ず爽《さわ》やかに晴れわたる日が来るという哲学です。

「花の山形」から、いよいよ希望の花、人材の花、文化の花が咲き薫《かお》り、「雪の明日」に東北の凱歌《がいか》の春よ、輝きわたれ！

＊1　大堀末雄「辺地に捧げた女医の青春」、「週刊朝日」1959年10月4日号所収、朝日新聞社
＊2　松田甚次郎『土に叫ぶ 続』羽田書店
＊3　阿部次郎『秋窓記』岩波書店

東北ルネサンスの春

世界へ勇気の福光《ふっこう》を！

【河北新報】２０１６年3月18日

「障害《しょうがい》は私を屈《くっ》せしめない。あらゆる障害は奮励努力《ふんれいどりょく》によって打破される」＊1

レオナルド・ダ・ヴィンチは、こう綴《つづ》っております。

イタリア・ルネサンスの巨匠《きょしょう》たちは、不屈《ふくつ》の創造の精神を漲《みなぎ》らせて、人類史に新たな春を告《つ》げました。

この雄渾《ゆうこん》なる魂が、いずこにもまして深く強く共鳴《きょうめい》しゆく天地こそ、わが敬愛する東北でありましょう。

意義深き「レオナルド・ダ・ヴィンチと『アンギアーリの戦い』展」の

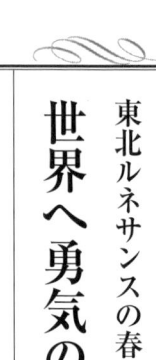

開催（宮城県美術館、3月19日～5月29日）に際し、ご尽力《じんりょく》いただいた、ご関係の皆さまに厚く御礼申し上げます。

思えば、石巻《いしのまき》から船出《ふなで》した「慶長遣欧使節《けいちょうけんおうしせつ》」は、まさに400年前（1616年）、イタリアの花の都《みやこ》フィレンツェで美の至宝《しほう》に触《ふ》れました。ヴェッキオ宮殿なども視察した可能性があります。波濤《はとう》を越《こ》えて世界と友好交流を結《むす》んだ、仙台藩士・支倉常長《はせくらつねなが》ら先人《せんじん》たちの勇気が偲《しの》ばれます。

本展は、日伊国交150周年の記念事業として、イタリアの方々も格別に厚情を寄せてくださっています。

◇

騎馬による軍旗の争奪を描《えが》いたイタリアの国宝《こくほう》「タヴォラ・ドーリア」や、レオナルド直筆「馬の臀部《でんぶ》と後肢《こうし》の6つの習作《しゅうさく》」から、私は青葉城址《じょうし》の伊達政宗《だてまさむね》公の騎馬像に思いを馳《は》せる一人です。

政宗公は、戦国時代を凌《しの》ぎ、慶長三陸《さんりく》地震（1611年）に屈《くっ》せず、西洋文化にも視野を広げ、遠大なスケールで理想の文化都市の建設に挑《いど》みました。その胸奥《きょうおう》には、自《みずか》ら詠《うた》った「曇りなき心の月」が冴《さ》えわたっていたのでしょう。

心に輝く勇気や慈悲《じひ》や知恵の光は、いかなる苦境《くきょう》にも決して失われません。ゆえにレオナルドも、「徳こそ真の財産」[*2]と結論しました。それは、何ものにも壊《こわ》されない「心の財《たから》」です。

東日本大震災（2011年）より5年、人のため、地域のため、復興《ふっこう》に尽力《じんりょく》されてきた東北の皆さまは、無量《むりょう》の「心の財」を積まれています。その研《と》ぎ澄《す》まされた生命の明鏡には、名画も一段と鮮烈《せんれつ》に映《えい》ずるに違《ちが》いありません。

◆

今回は戦乱の絵と共に、幼い命への母の愛情に満ちた「聖アンナと聖母子」などの名品も展示されます。

「レダと白鳥」では、優美な女性を囲んで描《えが》かれた双子の誕生と、生《お》い茂る樹木《じゅもく》や草花が、豊饒《ほうじょう》なる生命を象徴《しょうちょう》しています。

江戸時代、仙台《せんだい》四大画家の一人である東東洋《あずまとうよう》が、実《みの》りの大地で鍬《くわ》をかつぎ大根を手にする女性などを、生き生きと温かく描写したことも思い起こされます。

「生命の力《ちから》が実に一切の矛盾衝突《むじゅんしょうとつ》を解決して行く」[*3]と喝破《かっぱ》したのは、宮城出身の哲人・吉野作造《よしのさくぞう》博士です。

不朽《ふきゅう》の名画との対話は、私たちの心に「生命の讃歌《さんか》」を響《ひび》かせてくれます。

◆

ルネサンスの傑作群《けっさくぐん》は、風雪に負けない人間がいかに無窮《むきゅう》の力《ちから》を発揮できるかを物語っています。

思うにまかせぬ逆境《ぎゃっきょう》も不自由もはね返していったミケランジェロは語りました。

「わたしは自分の今あるもろもろの条件の下で最善《さいぜん》をつくすだけだ」[*4]と。

打ち続く苦難《くなん》にも怯《ひる》まず、復興《ふっこう》への挑戦を貫《つらぬ》いてくれている東北の青年たちと、二重写しで迫る言葉です。

ルネサンス期に、綺羅《きら》星の如《ごと》く人材が輝いたのは、師弟や先輩後輩の継《けい》承《しょう》、友人同士の切磋琢磨《せっさたくま》があったからこそではないでしょうか。

試練の冬を共に勝ち越《こ》えてきた東北の誇り高き人間の絆《きずな》から、偉大な世界市民が陸続と躍《おど》り出ることを、私は確信してやみません。

河北《かほく》新報社が取り組んできた「平成青少年遣欧使節団《けんおうしせつだん》プロジェクト」も、まことにロマン広がる人材の育成です。

世界に勇気の福光《ふっこう》を贈る「東北ルネサンスの春」は始まっているのです。

＊1　『レオナルド・ダ・ヴィンチの手記』上、杉浦明平訳、岩波書店
＊2　レオナルド・ダ・ヴィンチ『パリ手稿〔A手稿〕日本語訳テキスト』裾分一弘訳、岩波書店
＊3　『吉野作造選集』1、岩波書店
＊4　『ミケランジェロの手紙』杉浦明平訳、岩波書店

被災地《ひさいち》を照《て》らす「岩手魂《だましい》」

【岩手日報】2016年3月28日

「あの声を聞くと、ほっとする」――。温かな励ましが被災地《ひさいち》を明るく照《て》らしています。

陸前高田《りくぜんたかた》災害FMで人気の情報番組を担当するのは、私の妻もよく知る、仲良しの女性2人です。東日本大震災（2011年）の直後から救援活動に奔走《ほんそう》し、一日一日、希望の声を発信しています。

人と人を結《むす》ぶ言葉は「心の復興《ふっこう》」への湧《わ》きいずる泉です。

今年、創刊140周年を迎える岩手日報は、活字の力《ちから》を信じ、疾風怒濤《しっぷうどとう》の日々を乗り越《こ》えてきました。

大震災の当日には、手書きの張り出し号外を発行。3日後に避難者《ひなんしゃ》名簿を紙面で伝え、多くの方が新聞を握《にぎ》りしめて家族や友人と再会を果《は》たせたことも、忘れ得ぬ歴史です。

◆

思えば、小説『銭形平次《ぜにがたへいじ》』で名高い紫波町《しわちょう》出身の文豪・野村胡堂《のむらこどう》先生も、関東大震災（1923年）の折、動かなくなった輪転機を修理して号外を発行した新聞記者でした。

苦労人の野村先生は67年前（1949年）、少年雑誌の編集者だった私にも気さくに語りかけてくださいました。

「私は岩手県の生まれですが、高等小学校の時、自宅が全焼してね。えらい目に遭《あ》いました」と。

仮住《かりず》まい生活では、畳《たたみ》職人の親方から、昔話を聞かせてもらうことが楽しみだった。それが大作家誕生の種《たね》となったといいます。

だからこそ、「戦後の子どもたちの体じゅうに正義の力《ちから》が漲《みなぎ》る物語を」との若い私の願いに応えて、『大地の上に』という小説を連載《れんさい》してくださったのです。

逆境《ぎゃっきょう》の中、若き心の大地に蒔《ま》かれた勇気の種は、未来へ大輪《たいりん》の花を咲かせるでしょう。

先日も、災害ロボットの研究に挑《いど》む岩手の若き英才が、少年少女に夢をと、県内各地で「家族ロボット教室」に尽力《じんりょく》している近況を伝えてくれました。

◇

37年前（1979年）、私が水沢《みずさわ》を訪れた際、出会いを結《むす》んだご一家は、今も父上が釜石《かまいし》で消防団員として活躍しています。介護福祉《かいごふくし》に献身《けんしん》し、伝統芸能「虎舞《とらまい》」の継承《けいしょう》にも取り組む息子さんは、大震災以降、「他人が他人でなくなり、皆で手を携《たずさ》える毎日」を走り抜いてきました。

試練を越えて、わが岩手の友は、自他共《じたとも》の幸福へ行動する連帯《れんたい》を毅然《きぜん》と築いています。

いにしえより平泉《ひらいずみ》の黄金文化で世界を魅了《みりょう》してきた岩手の天地から「人間の心の絆《きずな》」という不滅の黄金の輝きが放《はな》たれていることに感動を禁じ得《え》ません。

草創の岩手日報を担《にな》った言論人・後藤清郎《ごとうせいろう》氏は、「我々岩手県民は、全国に比なき七難九厄《しちなんくやく》の苦難を経験して来た」[*1]と記《しる》しています。

昭和三陸《さんりく》地震（1933年）や、相次《あいつ》ぐ凶作に見舞われる中、「岩手魂《だましい》発揮《はっき》するのは今だ」[*1]と訴えました。尊き人間に生まれてきたからには、幾十年、幾百年にもわたる持久戦《じきゅうせん》に対して「堅忍持久《けんにんじきゅう》」「勤勉力行《きんべんりっこう》」[*1]の岩手魂で起《た》たねばならないと、獅子吼《ししく》したのです。

この5年間、日本中、いな世界の人々が「岩手魂」に感嘆《かんたん》しました。それは、巌《いわお》をも穿《うが》つ不屈《ふくつ》の忍耐力《にんたいりょく》であり、苦悩の友に寄り添《そ》う慈愛《じあい》の包容力です。悲哀《ひあい》を歓喜に、宿命を使命へと転じる希望の精神力ともいえましょう。

昨年（2015年）、読者が選んだ、岩手十大ニュースのトップは、釜石《かまいし》市・

橋野鉄鉱山《はしのてっこうざん》のユネスコ世界遺産《いさん》登録です。

橋野鉄鉱山の高炉《こうろ》建設をリードした、盛岡藩士《もりおかはんし》で日本の近代製鉄の父・大島高任《おおしまたかとう》も「岩手魂」の体現者《たいげんしゃ》です。「苦悩すればするほど、前に進むものだ」*2との心意気で、近代日本の夜明けに尽《つ》くしました。

◆

仏典に「金色王《こんじきおう》」の説話があります。大干《だいかん》ばつによる飢饉《ききん》にも、民衆を厳《げん》として守り、最後に残ったわずかの米までも皆に分け与えた。その王の金剛《こんごう》不壊《ふえ》の一念は天も揺《ゆ》り動かして慈雨《じう》を降《ふ》らせ、万民が蘇《よみがえ》ったというのです。

「岩手魂」は、天も喝采《かっさい》する金色の「祝手魂《いわて》」であります。

「この地で生きる　心をつなぐ」貴紙の願いに呼応して、「人間の復興《ふっこう》」へ黄金のスクラムを広げていきたい――。私もそう願う一人です。

＊1　渡辺武編『後藤清郎選集』岩手日報社
＊2　半澤周三『大島高任』ＰＨＰ研究所

試練越《こ》え　不屈《ふくつ》の人材育つ

【福島民報】２０１６年５月31日

誰よりも苦労した人が、誰よりも皆を励ませる。どこよりも試練を乗り越《こ》えゆく天地から、どこよりも不屈《ふくつ》の人材が育つ。

今回の熊本地震（２０１６年）に際しても、わが敬愛する福島の友は力強《ちからづよ》いエールを送り続けてくれています。私の知る頼《たの》もしい福島の若人《わこうど》たちも、即座に救援へ駆《か》けつけてくれました。

東日本大震災（２０１１年）より５年、未曽有《みぞう》の苦難《くなん》に挑《いど》みゆかれる福島の復興《ふっこう》が、どれほど大きな勇気と希望を、世界へ広げてこられたことでしょうか。

英国ロンドンの緑豊かなホーランド公園には、「福島庭園」があります。東日本大震災の翌年に、「世界全体が福島のことを思っている」との祈りを込め開園されました。式典には、福島民報社が取り組む「うつくしま復興大使」も派遣され、植樹されたのは県花「ネモトシャクナゲ」の苗木《なえぎ》です。吾妻山《あづまやま》で発見され、天然記念物に指定されているシャクナゲです。「ネモト」とは、発見者の師匠であり、多くの英才を育《はぐく》んだ根本莞爾《ねもとかんじ》先生の名前が冠《かん》せられたものです。

ホーランド公園は、私にとっても44年前（1972年）、歴史家のトインビー博士と対談の合間に散策した思い出の場所です。

博士は、我々が「創造力の聖なる火種」[*1]を燃え上がらせて努力するならば、いかなる運命にも屈《くっ》することはないとの信念を語られていました。

それは、どんな逆境《ぎゃっきょう》も打開してみせると挑《いど》み、創意工夫《そういくふう》を重《かさ》ねゆく、福島の大地に脈打《みゃくう》つ負けじ魂に通じます。

私の友人である飯舘村《いいたてむら》のご一家は、建設業のかたわら、耕作放棄地《こうさくほうきち》を農園にして、地域の再生に挑《いど》む中で大震災に遭《あ》いました。それでも「もう一度、前に」と立ち上がり、荒れた土地を耕《たがや》し、花作りを始めようとしています。「東京オリンピックの会場を飯舘の花で飾ろう」と、若い友と目標を掲《かか》げ、金の汗を流す日々です。

◆

いわき市出身の草野心平翁《くさのしんぺいおう》は謳《うた》いました。「友よ　朗《ほが》らかであろう／苦しみが俺達を結《むす》びつける／苦しみが俺達を育て上げる」[*2]と。

昨年（2015年）の秋、大玉村《おおたまむら》が、南米ペルーの世界遺産《いさん》のあるマチュピチュ村と友好都市協定を結びました。この村の発展に大きく貢献されたのが、約百年前、移民としてペルーにわたった大玉村出身の野内与吉翁《のうちよきちおう》だったからです。

野内翁《おう》は、村に水を引いて畑を作り、水力発電で電気をもたらしました。

猪苗代町の福島研修道場で、駆けつけた友を励ます（1995年6月）

土砂災害からの復興《ふっこう》にも、初代村長として、雄渾《ゆうこん》の指揮を執《と》られたのです。

遠く異国で艱難辛苦《かんなんしんく》の果《は》てに勝利の旗を打ち立て、生まれ故郷と第二の故郷に友情の橋を架《か》けた、世界市民のロマンの人生に胸打たれます。

避難《ひなん》生活を余儀《よぎ》なくされた私の友人たちも、「フェニックス（不死鳥《ふしちょう》）」を誉《ほま》れ高い合言葉として、連携《れんけい》を取り合い、共々に前進されています。

◆

「人生の行路は奮闘《ふんとう》あるのみ」[*3]とは、福島が生んだ世界的な医学者・野口《のぐち》英世《ひでよ》博士の信条です。

野口博士は、母校の小学校で講話《こうわ》した時、黒板に三つの言葉を書いて、ふるさとの子どもたちを励まされました。「目的」「正直」そして「忍耐《にんたい》」です。

先日、日本遺産《いさん》に、安積疏水《あさかそすい》が登録されました。この疏水建設も、まさに「忍耐」が成し遂《と》げた一大事業でありましょう。

戦時中、軍国主義と対峙《たいじ》して獄死《ごくし》した、私たちの先師・牧口常三郎先生は、福島の青年をこよなく愛し、郡山《こおりやま》や二本松《にほんまつ》に足を運びました。先生は、会津磐梯山《あいづばんだいさん》の歌も大変に好きでした。

福島の天地を、黄金の人材が輝く「宝《たから》の山」と期待していたのです。

私が見守る福島の若人《わこうど》たちも、「誰も置き去りにしない」と声を掛《か》け合い、仕事や将来の不安などに一緒《いっしょ》に粘《ねば》り強く立ち向かっています。地域に根ざして、青年の力《ちから》、女性の力を結集していく励ましの連帯《れんたい》は、世界が希求《ききゅう》する、これからの人道《じんどう》支援のモデルと光っていくことでしょう。

◇

福島には、日本三大桜に数えられる三春滝桜《みはるたきざくら》をはじめ、風呂山《ふろやま》公園のツツジ、雄国沼湿原《おぐにぬましつげん》のレンゲツツジなど、四季折々の花の名所が、数え切れないほどあります。

「福島に桃源郷《とうげんきょう》あり」と讃《たた》えられる花見山《はなみやま》公園は、三代にわたる阿部家の方々の地道な努力の積み重《かさ》ねによって創《つく》られたと伺《うかが》っています。

命を支《ささ》えるものは、命です。命を咲かせるものも、命です。

ロンドンの「福島庭園」の開園式の際、復興《ふっこう》大使の女子中学生は、風評被害にも怯《ひる》まず果樹農家で桃を育てる祖父を誇りとしながら、凜々《りり》しくスピーチをしました。「未来を信じて頑張ります」と。

雪中から黄金色の花を咲かせて春を告《つ》げる喜びの花・福寿草《ふくじゅそう》も、日本最大級の群生地《ぐんせいち》が喜多方《きたかた》市にあります。福寿草は、種《たね》から育てるのが至難《しなん》で、発芽しても、花をつけるまでには、ほぼ5年の歳月を要《よう》するといいます。

大震災から5年――。人材の「宝《たから》の山」福島に幸福長寿の花が、いよいよ爛漫《らんまん》と咲き誇り始めています。

＊1　A・J・トインビー『歴史の研究』7、「歴史の研究」刊行会訳、経済往来社
＊2　「同志に」、『草野心平全集』3所収、筑摩書房
＊3　丹実編『野口英世』2、講談社

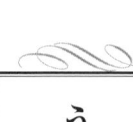

うつくしまルネサンス　福光《ふっこう》を未来へ

【福島民報】2018年7月31日

「うつくしま福島」は私の大好きな美称《びしょう》です。この天地の自然と文化、そして人々の心の美しさを表しているからです。

「うつくし」には「愛《いと》し」の意味もあります。私の知る音楽隊の青年たちは被災地《ひさいち》で何度もコンサートを開いてきました。会場のみんなで唱歌「故郷《ふるさと》」を歌うと、感動の大合唱になるといいます。家族や友人、故郷を深く愛しんでやまない温かな人間愛が福島には満ちあふれているのです。

さらに、「うつくし」は「見事・立派」の意義もあります。東日本大震災

（2011年）後の相次《あいつ》ぐ苦難《くなん》にも、不死鳥《ふしちょう》のごとく立ち向かい、全世界に希望の光を贈り続けてこられた見事な福島の宝友《ほうゆう》の皆さまに、私は最大の敬意をささげたいのです。

◇

「うつくしま」の輝きは、郷土《きょうど》に長く伝持《でんじ》されてきた伝統工芸品の数々にも結晶しています。

私も以前、大堀相馬焼《おおぼりそうまやき》や会津塗《あいづぬり》などの制作を間近で拝見したことがあり、懐《なつ》かしい思い出です。

三春駒《みはるごま》、起き上がり小法師《こぼし》、絵ろうそく、いわき絵のぼり、いわき和紙等々、伝統工芸品は40にも上《のぼ》ると伺《うかが》いました。

福島市の土湯《つちゆ》温泉町で、こけし職人のご一家と再会したのは34年前（1984年）のことです。当時、小学6年生だった子息は6代目の後継者《こうけいしゃ》となり、受け継《つ》ぐものの重さに苦闘しながらも、「伝統は発展し続けてこそ守られる」と独自の挑戦を続けてきました。創意工夫《そういくふう》を重《かさ》ね、首が回るだけでなく、自在《じざい》に動かせるよう改良し、日本一に輝いています。

また、「奥会津《おくあいづ》昭和からむし織《おり》」が昨年（2017年）、福島で5番目となる国の伝統的工芸品に認定されたことも、福島民報の紙面でうれしく拝見しました。

過疎《かそ》と高齢化が進む村にあって、からむし織を守ることを可能にしたのは、地域の人々が互《たが》いに助け合う「結《ゆ》い」の文化があればこそです。村に移住し、新たな故郷として、伝統を学ぶ若い人も出てきています。

私の妻が敬愛する女性は90歳を超《こ》えて、なお現役です。「からむし」は栽《さい》培《ばい》から始まり、収穫し、繊維《せんい》を取り出し、糸に紡《つむ》ぐことで、ようやく織《お》り出すことができます。「手間《てま》ひま掛《か》かるので、大変ですね」と言われると、ほほ笑みながら「こんな素晴らしい植物はないよ」と応じる慈母です。

◇

伝統の継承《けいしょう》と発展の中で磨《みが》き抜かれた「美」には、困難《こんなん》に直面する人々を励ます力《ちから》があります。

現在、日本の伝統芸術の極致《きょくち》の技《わざ》を伝える「美しき刃《やいば》たち～東京富士美術館コレクションと福島の名刀～」展が会津若松《あいづわかまつ》市の県立博物館で開催（2018年7月13日～8月19日）されています。

日本刀は美しさと強さにおいて、世界的にも名高い文化の宝《たから》です。その理由の一つは、「折り返し鍛錬《たんれん》」という作業工程《こうてい》にあると言われます。すなわち、不純物を徹底的にたたき出しつつ、さらに地肌模様《じはだもよう》の美しさを生んでいくのです。

その「美」と「強さ」は刀匠《とうしょう》たちが炎の中で鍛《きた》え上げた鋼《はがね》が放《はな》つ輝きでもあります。

「鉄《くろがね》は炎打《きたい》てば剣《つるぎ》となる。賢聖《けんしょう》は罵詈《めり》して試《こころ》みるなるべし」とは仏典の金言であります。

厳《きび》しい試練や圧迫に耐《た》え抜いてこそ、人間の生命も鍛えられ、宝剣《ほうけん》のご

福島県の民芸品に筆入れする著者（中央）と香峯子夫人（右隣）
（1995年6月、猪苗代町）

とく強く美しき輝きを放《はな》つのでありましょう。

刀剣の鍛錬《たんれん》は刀匠《とうしょう》一人で行うことはできません。「向こう槌《づち》」と呼ばれる助手と呼吸を合わせながら行う師弟の共同作業です。「相槌《あいづち》を打つ」という言葉も、ここから生まれました。

福島には、いかなる艱難《かんなん》も、共に励まし合って乗り越《こ》え、勝ち越え、偉大な創造を成し遂《と》げゆく人間の絆《きずな》があります。

戊辰《ぼしん》戦争150年――悲劇の歴史から立ち上がった会津《あいづ》をはじめ、福島の先人方《せんじんがた》が成し遂げてきた無数の文化建設の偉業に思いをはせるのは、私一人ではないでしょう。

◆

阿武隈《あぶくま》山脈の麓《ふもと》に生まれた詩人・草野心平翁《くさのしんぺいおう》は、若くして亡《な》くなった最愛の母の最後の言葉を書き留《とど》めています。

それは「きれいだねえ」[*1]という一言でした。

人生の最終章まで「美」を見出《みいだ》してやまなかった母のこの言葉は「生きることだよ」[*1]との励ましであり、「悲しみでなく勇気をくれる」[*1]と、詩人は感謝をささげているのです。

福島の天地に脈々と受け継《つ》がれ、鍛《きた》え上げられてきた「美の心」には、幾多《いくた》の難題《なんだい》に挑《いど》む人類に、生きる希望と勇気を贈る光が宿《やど》っています。

「美しい福島」
「愛《いと》しい福島」
「見事なる福島」

不屈《ふくつ》の「うつくしまルネサンス」にこそ、21世紀を照《て》らしゆく「福光《ふっこう》」があるのではないでしょうか。

＊1　「生きたい・生きる」、『草野心平詩集』所収、角川春樹事務所

ふるさとの挑戦

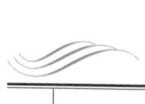

宇宙《そら》に輝く「彩《さい》の星」——
埼玉から〝地域発〟の活力《かつりょく》と連帯《れんたい》を!

【埼玉新聞】2016年2月23日

埼玉の青空を仰《あお》ぐと、心が大きく広がります。

埼玉の大地に立つと、命が明るく躍動《やくどう》します。

埼玉の友と語ると、未来へ希望が生まれます。

先月、久《ひさ》しぶりに愛する埼玉を訪れ、「彩《さい》の国」の益々《ますます》の発展ぶりをうれしく拝見しました。冬晴れの陽光のもと、戸田《とだ》市から、白雪の富士の雄姿《ゆうし》もカメラに収《おさ》めることができました。

埼玉は、〝晴れの天地〟です。

5年連続で、快晴《かいせい》の日数が全国一とも聞いています。晴れわたる埼玉の大空から、常に新時代が開かれてきました。日本で初めて飛行場が開設されたのは、所沢市《ところざわし》です。上里町《かみさとまち》出身で、日本初の女性水上飛行士・西崎《にしざき》キクさんは、「もし生まれ変われるとしたら、もう一度同じ道を歩きたい」[*1]と、わが子に語りました。新たな挑戦の勇気が、埼玉には確実に受け継《つ》がれています。

今、世界で注目される小型ビジネスジェット機は、和光《わこう》市にある研究所で開発されたものです。

◇

昨秋（2015年）、2人の日本人がノーベル賞に輝き、日本中が沸《わ》きました。生理学・医学賞の大村智《おおむらさとし》博士は、北本《きたもと》市にある北里《きたさと》大学メディカルセンターの開設を推進するなど、埼玉にゆかりの深い方です。

物理学賞の梶田隆章《かじたたかあき》博士は東松山《ひがしまつやま》市生まれ。埼玉大学で「素粒子《そりゅうし》」の探《たん》究《きゅう》を始め、その一つで、宇宙から降《ふ》り注《そそ》ぐ「ニュートリノ」に質量《しつりょう》があることを世界で初めて確認したのです。少年時代から、埼玉の夜空に輝く星々を見つめて、宇宙に思いを馳《は》せてこられたと伺《うかが》いました。

私も若き日、埼玉の星空に励まされた一人です。1950年、不況で恩師・戸田先生の事業が窮地《きゅうち》に陥《おちい》り、大宮《おおみや》方面へ打開に奔走《ほんそう》した寒夜のことでした。恩師と川沿《かわぞ》いの土手《どて》で、冴《さ》えわたる満天の星座を見上げながら、「人生は行き詰《づ》まった時こそ勝負」と勇気を奮《ふる》い立たせたのです。

◇

天文《てんもん》好きの息子が、宇宙には「サイタマ」「ギョウダ（行田）」「サヤマ（狭山）」など、埼玉の地名を冠《かん》する小惑星《しょうわくせい》が幾《いく》つも輝いていると教えてくれました。昨年（2015年）9月、新たに「オゴセマチ（越生町）」の名が小惑星の一つに付けられたという、埼玉新聞の記事も見せてもらいました。

埼玉に脈打《みゃくう》つ、宇宙への探究《たんきゅう》の心は、まことに奥が深い。

晴れわたる青空のもとに、白雪の富士の雄姿が
(2016年1月＝埼玉・戸田市、著者撮影)

３００年ほど前の江戸中期に、現在の飯能市《はんのうし》出身の千葉歳胤翁《ちばとしたねおう》は、独自《どくじ》の計算方法で、日食《にっしょく》・月食《げっしょく》に関して研究を進め、〝天文暦術界《てんもんれきじゅつかい》の権威《けんい》〟として歴史を残しました。

現代では、鳩山町《はとやままち》に「地球観測《かんそく》センター」、また「気象衛星通信所《きしょうえいせいつうしんじょ》」があり、〝宇宙との窓口〟になっています。

地球儀《ぎ》や星座早見盤《はやみばん》のトップメーカーは草加《そうか》市にあり、川口《かわぐち》市には、部品提供でロケットの打ち上げを支《ささ》える、優《すぐ》れた技術力の企業があります。

さいたま市生まれで、日本人初の国際宇宙ステーション船長を務《つと》めた若《わか》田光一《たこういち》さんは、ライブ交信による宇宙授業などを通して、若い世代に大いなるロマンを贈ってくれました。

大空や宇宙を語って、これほど話題が豊富な地域は珍《めずら》しい。

まさに埼玉は、綺羅《きら》星の如《ごと》く、多彩《たさい》な人材が輝く「彩《さい》の星」とはいえないでしょうか。

宇宙から地上に目をやれば、脈動《みゃくどう》する埼玉の大地が見えます。

昨年（2015年）10月、首都圏中央連絡自動車道（圏央道《けんおうどう》）の埼玉県内の全線が開通しました。東北道、関越道《かんえつどう》、中央道、東名高速道などの日本の〝大動脈〟と直結するネットワークです。沿線には、多くの企業も進出するなど、地域経済の活性化《かっせいか》、雇用《こよう》の創出《そうしゅつ》が期待されます。

埼玉は、日本経済を支える天下一の交通の要衝《ようしょう》です。

圏央道は、大規模の災害時には、各地の血液センター等をつなぐ緊急の輸送道路にもなります。この「いのちを支える道」は、今後、常磐道《じょうばんどう》と通ずれば、関東・東北の沿岸部、さらに港湾《こうわん》、空港とも結《むす》ばれ、一段と防災に強い「さいたま新都心」の拡充《かくじゅう》に連動していくことでしょう。

5年前の東日本大震災（2011年）に際し、埼玉の各地域は多くの被災者《ひさいしゃ》の方々を温かく迎え入れられました。人道《じんどう》の光彩《こうさい》を放《はな》つ歴史です。

つながることは、心を広げ、行動を広げます。そのエネルギーを生み出す電源地こそ、我らの埼玉でありましょう。

◆

「地球的に考え、地域的に行動する」――これは、20世紀の諸課題の解決へ、視点《してん》の転換《てんかん》を促《うなが》した有名な言葉です。

ロシアの宇宙飛行士セレブロフ博士と対談した折、私たちは、さらに「宇宙的に考え、地球的に行動する」ことを呼びかけました。

この言葉に、埼玉県の出身で、種子島《たねがしま》宇宙センターで働く青年が、うれしい共感の声を寄せてくれたことが、忘れられません。

「地道な対話とダイナミックな行動で、宇宙的視野《しや》が共有《きょうゆう》できる友情の連《れん》帯《たい》を、拡大していこうと決意しています」と。

本年(2016年)は、人類初の宇宙飛行を成し遂《と》げたガガーリン青年が「地球は青かった」と語ってより55年。いまだ地球上には、紛争と暴力、分断と対立に苦しむ人々があまりにも多い。その意味で、今ほど「宇宙的視野」と「友情の連帯」が要請《ようせい》される時はないでしょう。

宇宙から見れば、国境などない。どんな戦争であれ、不毛な〝内輪《うちわ》もめ〟に過ぎません。皆が、同じ地球民族であり、「宇宙船地球号」の乗組員です。

◆

仏典には「日月《にちがつ》・衆星《しゅせい》も己心《こしん》にあり」と説かれます。

太陽も月も星々も、森羅万象《しんらばんしょう》の一切が人間生命と深く連関しています。

人間の一念には、大宇宙をも包みゆく広がりがあり、自身の内《うち》なる宇宙から、無限の生命の力《ちから》と智慧《ちえ》を湧《わ》き出《いだ》すことができるというのです。

「宇宙即我《うちゅうそくわれ》」「我即宇宙」という大きな心で、大きく活躍の舞台を広げゆく人材の「彩《さい》の星」が、埼玉です。

その〝地域発〟の活力《かつりょく》と連帯が、日本にも、世界にも、新たな時代を創《つく》ることを、私は確信してやみません。

ゆえに私は、偉大なる使命を担《にな》う埼玉の方々、なかんずく若き皆様に、エールを送りたいのです。

何があっても頭《こうべ》を上げよう！

そして、心広々《ひろびろ》と、地上の仲間と仲良く、希望に燃えて進もう！

この宇宙の未来は、すべてが君たちのものなのだから！　と。

＊1　西崎泉「紅翼と拓魂の母キクを想う」、上里町立郷土資料館編『夢　青き空から』所収、上里町役場総合政策課

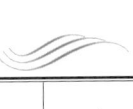

SUN《サン》SUN《サン》「彩玉《さいたま》」に輝く平和と文化と教育の光彩《こうさい》

【埼玉新聞】2017年4月25日

我らの埼玉は、太陽に愛され、太陽とともに勝ち栄えゆく大地である――若き日より、私はそう感じてきました。

昨年の1月、さいたま市へ伺《うかが》った際も、陽光燦《さん》たる見事な青空が広がり、彼方《かなた》には白雪の富士山が望《のぞ》めました。

実際に、埼玉の年間の快晴《かいせい》日数は、常に全国トップクラスであり、とくに冬場の晴天の多さが特徴といいます。

「太陽（SUN）」の光が燦々《さんさん》と降《ふ》り注《そそ》ぐ、まさに「彩玉《さいたま》」、すなわち「彩《いろど》りの宝玉《ほうぎょく》」ともいうべき天地です。

わが埼玉の友は、太陽のような明るさを湛《たた》え、よく知る若人《わこうど》たちも昇りゆく旭日《きょくじつ》の如《ごと》く成長してくれています。

この埼玉から、未来を照《て》らす三つの「光彩《こうさい》」が、いよいよ輝きわたることを、私は確信してやみません。

◆

第一は、スポーツを通した「平和の光彩」です。

埼玉は「日本一の生涯スポーツ県」を目指《めざ》し、幅広《はばひろ》い世代でスポーツを楽しめる環境が整《ととの》っています。野球やサッカーなどのプロスポーツが盛んであるとともに、川沿《かわぞ》いを走る日本最長のサイクリングコースも有名です。

「クライミングのまち」を掲《かか》げる加須《かぞ》市では、先月（2017年3月）、スポーツクライミングの日本選手権が開催されました。2020年の東京オリンピックからの正式種目です。

その東京オリンピック・パラリンピックの熱戦は、さいたま市や朝霞市《あさか》をはじめ各地でも繰《く》り広げられる予定で、三郷市《みさと》、寄居町《よりいまち》などは、各国とさまざまな交流を図《はか》る「ホストタウン」になっています。

思えば、日本初のオリンピック金メダルに指導者として貢献された体育教育の先人《せんじん》・野口源三郎《のぐちげんざぶろう》先生は、深谷市《ふかや》の出身です。人々の品性と人生観を陶冶《とうや》するスポーツの文化的価値を強調され、とりわけ青年の心に希望と勇気を湧《わ》き立たせることこそが時代変革の原動力になると語られていました。

2019年のラグビーワールドカップは、熊谷市《くまがや》でも開催されます。選手同士が激しくぶつかり合う競技ですが、ひとたび試合が終われば、互《たが》いの健闘を讃《たた》え合う「ノーサイドの精神」が爽《さわ》やかです。そこには、どんな差異《さい》も乗り越《こ》え、互いを尊重し合える世界平和の縮図《しゅくず》があるといえましょう。

私が交友を重《かさ》ねた南アフリカのマンデラ元大統領が、ラグビーの応援を通して、分断された民衆の心を大きく結《むす》ばれた足跡も、語り継《つ》がれてきました。

スポーツ王国の埼玉には、平和の心を快活《かいかつ》に育《はぐく》む力《ちから》が漲《みなぎ》っています。

◆

第二は、心を豊かに耕《たがや》す「文化の光彩《こうさい》」です。

昨年（2016年）、秩父《ちちぶ》や川越《かわごえ》の伝統文化が、ユネスコの無形文化遺産《いさん》に登録されるというニュースが報じられました。

埼玉は大都市部の活力《かつりょく》を増しながら、しかも日本の原風景《げんふうけい》ともいうべき文化の伝統を守り、発展させてきました。

すでに無形文化遺産に登録されている小川町《おがわまち》、東秩父村《ひがしちちぶむら》の細川紙《ほそかわし》をはじめ、春日部《かすかべ》の桐《きり》たんすや押絵羽子板《おしえはごいた》、岩槻《いわつき》や鴻巣《こうのす》のひな人形など優《すぐ》れた伝統技術が各地に光っています。江戸時代から作られ、全国一を誇る行田《ぎょうだ》の足袋《たび》は、話題の小説の題材ともなり、注目の存在です。

今年は大宮発祥《おおみやはっしょう》の「世界盆栽《ぼんさい》大会」が、さいたま市で行われます。大会に向け、地元の小学生たちが盆栽づくりに挑《いど》んでいる姿も、誠に微笑《ほほえ》ましい。

狭山《さやま》のお茶、草加《そうか》の煎餅《せんべい》、川越の芋菓子《いもがし》などの食文化も全国的に愛され、コンサートやイベントなど、創造性あふれる音楽や芸術の活動も活発です。

シルクロードの宝玉《ほうぎょく》たる敦煌《とんこう》の守《まも》り人《びと》として名高い中国の常書鴻《じょうしょこう》画伯《がはく》（敦煌研究院名誉院長）が、生涯の思い出とされたのは、川口《かわぐち》市で行われた埼玉青年平和文化祭でした。敦煌の至宝《しほう》が「静の美」であれば、平和建設へ前進する埼玉の青年たちの姿は「動の美」であると絶讃《ぜっさん》されたのです。

「文化」を表す英語「カルチャー」の語源は、「耕《たがや》す」を意味するラテン語に由来《ゆらい》します。大地を耕し、命の源《みなもと》である作物を実《みの》らせる尊き農作業のように、たゆまぬ文化の継承《けいしょう》と創造は、人間の心田《しんでん》を耕し、生きる喜びの実を結《むす》んでいきます。

文化の香《かお》り高き埼玉こそ、若人《わこうど》の心を豊かに耕す天地といえましょう。

第三は、人類の未来に希望の虹をかける「教育の光彩《こうさい》」です。

昨年、和光《わこう》市に本部を置く理化学《りかがく》研究所が世界を感嘆《かんたん》させました。原子番号113番の新元素《しんげんそ》を発見し、その名が「ニホニウム（Nh）」として、正式に決定されたのです。

アジアで発見された元素が周期表《しゅうきひょう》に記載《きさい》されるのは初めてのことです。この快挙《かいきょ》に和光市では、最寄《もよ》りの駅から研究所を結《むす》ぶ道路を「ニホニウム通り」と名付けることを決めたと伺《うかが》いました。誇り高く胸を張って通りを歩く少年少女たちの中から、未来の大科学者が誕生することも期待されます。

埼玉には、子どもたちの夢と向学心《こうがくしん》を伸ばす「教育力」が満ちています。新幹線の基点《きてん》に位置する大宮《おおみや》の鉄道博物館（さいたま市）や、日本初の飛行場開設にちなむ航空発祥《はっしょう》記念館（所沢《ところざわ》市）などは、訪れた未来っ子たちが、郷土《きょうど》の誉《ほま》れの歴史に触《ふ》れる中で、陸に空に夢を広げゆく舞台です。

地域の太陽と輝く埼玉の友と励ましの握手をかわす（2007年5月、日高市）

本庄市《ほんじょう》に誕生された、江戸時代の国学者・塙保己一《はなわほきいち》先生は、古今《ここん》の書物を散逸《さんいつ》・焼失から守るため、『群書類従《ぐんしょるいじゅう》』という貴重な大資料集を残しました。盲目《もうもく》の障《しょう》がいにも屈《くっ》せず、中部・関西各地まで歩みを運ばれ、貴重な書物を収集、編纂《へんさん》していかれたのです。

それは、「後《のち》の世《よ》の国学《くにまな》びする人のよき助けとなるよう」という志《こころざし》に貫《つらぬ》かれていました。

埼玉の教育力の底流には、こうした〝後に続く人たちのため〟という魂が脈打《みゃくう》っているのではないでしょうか。

◆

「郷土《きょうど》が人間に及《およ》ぼす不可思議《ふかしぎ》なる勢力の概要《がいよう》を知るを得《う》べきか」*1

地理学者でもあり、軍部政府の弾圧《だんあつ》で獄死した私の先師・牧口常三郎先生は、百年以上前、この志を持つ仲間とともに、新座《にいざ》市の野火止用水《のびどめようすい》の調査を進めました。

心豊かな郷土から「新しい人」が生まれます。そして、その「新しい人」が「新しい時代」を生み出します。

百花繚乱《ひゃっかりょうらん》の春4月。人生の希望の一歩を踏《ふ》み出した新入生や新社会人に、最大のエールを送りたいと思います。

新しき〝彩玉《さいたま》〟と輝く青年と共に、平和と文化と教育の光彩《こうさい》をより一層輝かせていきたい――私もそう念願し、決意を新たにしています。

＊1 『人生地理学』上、『牧口常三郎全集』1所収、第三文明社。原文には傍点

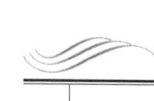

「彩《さい》の国」は 命《いのち》の彩《いろど》り No.1《ナンバーワン》

【埼玉新聞】2018年3月6日

青春時代、愛する埼玉の仲間たちと私はよく語り合いました。「みんな、それぞれに何かで一番を目指《めざ》そうじゃないか！」と。変わらぬ交友を重《かさ》ね、すでに70年近くになります。多くの友人が苦闘を越《こ》えながら、若き日の大志《たいし》を果《は》たしゆく栄光の劇《げき》を、私は見つめてきました。

「前途《ぜんと》に大きな目的なり、目標なりがあるときは、それに対応する闘志《とうし》を生ずる」[*1]とは、日本の「公園の父」である本多静六《ほんだせいろく》博士（久喜《くき》市出身）の言葉です。

熊谷《くまがや》市の私の友人は「日本一の技術者に」と誓《ちか》い、厳《きび》しい条件下で腕《うで》を磨《みが》き上げてきました。その努力の中で、世界一のタワー「東京スカイツリー」の建設では、電波塔《でんぱとう》の〝心臓部《しんぞうぶ》〟の製作という難事業《なんじぎょう》に携《たずさ》わったことも、うれしく聞いています。

「一番になる」とは、人と比べてどうかということ以上に、何より、わが命を最も自分らしく輝かせ切ることでしょう。

埼玉新聞で、滑川町《なめがわまち》の森林公園の味わい深い梅園の記事を拝見したことがあります。早咲《はやざ》き、中《なか》咲き、遅《おそ》咲きの梅の花が、12月の下旬から3月上旬まで、リレーのように香《かぐわ》しく開花していくというのです。

人も、それぞれに花を咲かせる時があります。だから、誰かを羨《うらや》んだり、妬《ねた》んだりするのではなく、皆で励まし合い、後輩たちを伸ばしながら、麗《うるわ》しい梅園のように「幸《さち》の花」のリレーを織《お》り成していきたいものです。

28年前（1990年）、いまだ日本とソ連（当時）の関係が困難《こんなん》な状況にある中、「モスクワ児童《じどう》音楽劇場」の埼玉公演が実現しました。

この折、埼玉の方々と深く友誼《ゆうぎ》を結《むす》ばれたのが、同劇場総裁《そうさい》のナターリヤ・サーツさんです。

シベリアへの流刑《るけい》の迫害にも屈《くっ》しなかった、このロシアの芸術の母が貫《つらぬ》いてきた信念があります。

「人の生命の奥深くには、本人さえ気づいていない『宝物《たからもの》』がある。それを見つけ、引き出したい」と。

一人一人の宝の生命の彩《いろど》りを、最高に発揮《はっき》せしめていくのが、励ましの力《ちから》であり、人間教育の真髄《しんずい》でありましょう。

その意味で、私が注目したいのは、「日本一の共助県《きょうじょけん》」を目指《めざ》す埼玉県の皆様の取り組みです。

少子高齢化《しょうしこうれいか》が急速に進む中で、社会の課題を解決するには、「自助《じじょ》（自分のことは自分でやる）」と「公助（行政などの公的支援）」に加え、「共助（共に助け合うこと）」が、ますます重要になっています。

この共助の基盤《きばん》となる「地域のつながり」「励ましのチームワーク」が、埼玉の各地で「子ども」に焦点を当てて築かれていることは、大いなる希望です。

埼玉県には、子どもの心を豊かに育む《はぐく》〝日本一〟がたくさんあります。鴻巣《こうのす》の日本一高い「ピラミッドひな壇《だん》」、加須《かぞ》の日本一長い「ジャンボこいのぼり」、春日部《かすかべ》の日本一の「大凧《おおだこ》あげ祭り」等々です。

日本一の足袋《たび》の生産地・行田《ぎょうだ》では、学校でも足袋が活用されているといいます。子どもの「見守り隊」を含めた自主防犯《じしゅぼうはん》活動のグループ登録団体の数も、埼玉が日本一です。

子育てに奮闘中《ふんとうちゅう》の家族を支《ささ》える「パパ・ママ応援ショップ」の協賛店の数も日本一であると、埼玉に住むヤング・ミセスの方が教えてくれました。

私の妻が知る川口市《かわぐち》の婦人は、今は亡《な》き夫君と共に、32年にわたって里《さと》親《おや》活動に取り組まれました。〝何があっても私はあなたを信じる〟と祈り続け、育《はぐく》んでこられたのです。

埼玉の父母《ちちはは》には、次の世代を育てる何と温かな真心と知恵があふれていることでしょうか。

埼玉県では「グローバル人材育成センター」を設置するとともに、「青少年夢《ゆめ》のかけはし事業」として、スポーツ・文化・科学・ものづくりなど、各界の埼玉ゆかりのプロを招《まね》き、「学びと体験の教室」なども進めています。

一世を風靡《ふうび》したベストセラー『ジャパン・アズ・ナンバーワン』の著者エズラ・F・ヴォーゲル博士と会談した折、日本が世界をリードするに至《いた》った背景として、「教育水準の高さ」を挙《あ》げられていたことを思い起こします。

◆

敬愛する埼玉の旧友たちと私は、「みんなで、一番の青年群を育てよう

モスクワ児童音楽劇場のナターリヤ・サーツ総裁と会談（1990年7月、モスクワ市内）

よ！」とも語り合ってきました。

2年前（2016年）の冬、懐《なつ》かしき埼玉天地を走りつつ、白雪に輝く富士山を望《のぞ》みました。

富士山は、なぜ日本一なのか？

日本一の裾野《すその》の広がりがあるからです。

我らの「彩《さい》の国」には、「日本一の共助県《きょうじょ》」という励ましの裾野が広がっています。だからこそ、いずこにもまして青年の命の彩《いろど》りが冴《さ》え光る「サイタマ・アズ・ナンバーワン」の明るい未来が限りなく開かれていると、私は胸を弾《はず》ませるのです。

＊1　本多健一監修『新版　本多静六自伝　体験八十五年』実業之日本社

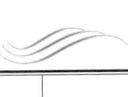

「千葉新時代」へ　明日を彩《いろど》るデザイン力《りょく》

【千葉日報】2016年3月16日

弥生《やよい》3月になると、懐《なつ》かしく蘇《よみがえ》る童謡《どうよう》があります。南房総《みなみぼうそう》ゆかりの民衆詩人・百田宗治《ももたそうじ》先生が作詞《さくし》した「どこかで春が」です。

「どこかで水がながれ出す」「どこかで芽《め》の出る音がする」「どこかで『春』が生《うま》れてる」[*1]――。

首都圏に暮《く》らす私たちにとって、いち早く冬を越《こ》え春が生まれる「どこか」とは、まさに房総です。

社会でも、千葉は新たな人材の流れを起こし、創造の芽生《めば》えを育《はぐく》み、希望の春を広げてくれています。

この2月に公表された国勢調査《こくせい》の速報値（2015年10月実施）では、千葉県の人口は約622万人の過去最多となり、大正9年（1920年）の調査開始以来、ずっと増加を続けています。

人口減少による課題が山積《さんせき》し、「地方創生《そうせい》」の推進が叫《さけ》ばれる時代にあって、千葉の若々しく力強《ちからづよ》い足取りは、なんと頼《たの》もしいことでしょうか。

昨年、南房総《みなみぼうそう》市の道の駅「とみうら」が、全国モデルの一つに選ばれました。特産品のビワを観光資源化し、果物狩《が》りを楽しめ、広大な菜《な》の花畑もあります。地域の伝統・文化を継承《けいしょう》する場としても活用され、道の駅の新たな世界を創《つく》り出しているのです。

地元で生産したものを地元で消費する「地産地消《ちさんちしょう》」の取り組みも、県名にちなんで「千産千消《ちさんちしょう》」と銘打《めいう》ち、学校給食で「千産千消デー」を設けていると、青年教育者が教えてくれました。地道ながらも、進取《しんしゅ》の取り組みが未

きらめく光の海の先に、房総半島を望む（2017年9月、著者撮影）

来を明るくします。それは、千葉の資産で千葉の明日を照《て》らす「千産千照《ちさんちしょう》」といえましょう。

◆

千葉を愛した歌人・与謝野晶子《よさのあきこ》さんは語りました。

「日本古来《こらい》の特産であるから貴いので無くて、現在の世界の文化に新しい価値を増すことが出来るから貴いのである」[*2]と。

そこにしかない郷土《きょうど》の潜在的《せんざいてき》な魅力《みりょく》に光を当て、新しい価値の彩《いろど》りを与えゆく、〝地域のデザイン力《りょく》〟が、ますます必要とされています。

千葉には、その抜群《ばつぐん》のデザイン力があります。

かつて利根川《とねがわ》の舟運《しゅううん》で栄えた佐原《さわら》（香取市《かとりし》）では、近年、歴史的な街並《まちな》みを保存し、新しい装《よそお》いを加味することで、多くの観光客が足を運ぶ「北総《ほくそう》の小江戸《こえど》」として活性化《かっせいか》しました。

房州石《ぼうしゅういし》の産地として栄えた金谷《かなや》（富津市《ふっつし》）では、「石」という観光資源を生《い》かして、新生の「石と芸術のまち」の魅力を広げています。

江戸末期、農政学者の大原幽学《おおはらゆうがく》は、長部村《ながべむら》（現在の旭市《あさひ》）を中心に、農村の復興《ふっこう》に尽《つ》くしました。

その的確な教導《きょうどう》によって、基本技術や合理的な生活法を村民が学び、荒《こう》廃《はい》から立ち上がったのです。

情に富《と》む幽学は、時には杯《さかずき》を交《か》わし、共に俳諧《はいかい》をつくり、心を通わせて、信頼を結《むす》んでいきました。

幽学が創設した没落《ぼつらく》農民を救済する「先祖株《せんぞかぶ》組合」の制度は、世界初の産業協同組合と謳《うた》われます。

地方創生《そうせい》、地域活性といっても、決して一人で出来るものではありません。

そこに暮《く》らす人々が、手を携《たずさ》え、自発的に知恵を出し合って、わが地域をデザインすることで、新しい命が吹き込まれ、故郷は生き生きと蘇《よみがえ》っていくのではないでしょうか。

◆

この冬（2016年）、千葉市は「国家戦略特区《とっく》」に正式に指定されました。今後、ドローン宅配《たくはい》などの新技術を活用した「未来型都市」としての発展が期待されています。

千葉大学は、世界初の歩ける椅子《いす》「アルケリス」を企業と共同で開発しました。長時間、中腰で手術に臨《のぞ》む医師の負担を軽減し、慢性的《まんせいてき》な腰痛《ようつう》などを抱《かか》える立ち仕事の人を助けることができるといいます。

昨年9月、国際宇宙ステーションの「きぼう」日本実験棟から、千葉ゆかりの二つの超小型衛星《えいせい》の放出が見事に成功し、明るい話題となりました。

一つは、千葉工業大学の流星観測衛星《りゅうせいかんそくえいせい》です。

一つは、ブラジルのブラジリア大学が開発した衛星です。これには、我孫子《あびこ》市の町工場が製作した精緻《せいち》なネジが使われています。

この秋、幕張《まくはり》で「わたしと宇宙展」が開催される予定です。千葉には、宇宙に開かれた、最先端の技術と探求心《たんきゅうしん》が光っています。

松戸《まつど》出身の宇宙飛行士・山崎直子《やまざきなおこ》さんは、語られました。

――人生も、宇宙と同じで、将来のことは予測できない。でも、人との関わりや「縁《えん》によって新しい道や可能性ができる。進歩の余地があることは素晴らしい」[*3]と。

人々の苦悩を軽減し、より良い社会を描《えが》くための科学技術の振興《しんこう》に、皆で力《ちから》を合わせて挑戦する千葉の創意工夫《そういくふう》には、無限の可能性が秘《ひ》められています。

◇

私が見守ってきた富里《とみさと》市の青年は、5歳で交通事故に遭《あ》い、片足を切断せざるを得ませんでした。

しかし、サッカー選手を夢見ていた彼は、障《しょう》がい者スポーツのアンプティサッカー（杖《つえ》を使ってプレーするサッカー）と出あい、日本代表候補として活躍するまでになったのです。

青年が心に期《き》したことは、「健常者《けんじょうしゃ》と障《しょう》がい者の橋渡《はしわた》しになること」です。喜び勇《いさ》んで子どもの輪《わ》に入り、交流を重《かさ》ねています。

「宿命」をも「使命」に変えゆく凜々《りり》しき青春の姿に、子どもたちも〝お兄さんのように〟と、希望あふれる未来をデザインしているのです。

◆

私の妻の友人に、伝統工芸の「七宝焼《しっぽうやき》」で、独創的《どくそうてき》な作品を手がけ、世界でも高い評価を得ている八千代《やちよ》市の女性がいます。

夫の会社の倒産や長男の大病など、幾多《いくた》の苦難《くなん》を勝ち越《こ》えて、「力強《ちからづよ》さの中に優《やさ》しさがある」と讃《たた》えられる匠《たくみ》の技《わざ》を磨《みが》き上げてきました。

彼女は淡々《たんたん》と語ります。「挫折《ざせつ》が大きな成長につながりました。自分が変われば、環境も、未来も、必ず変わると確信します」と。

七宝焼は、灼熱《しゃくねつ》の炎《ほのお》の中で唯一無二《ゆいいつむに》の色あいを生み出します。同じように、試練という炎の中でこそ、自分自身の生命を希望の色に染《そ》め上げ、自分らしい味わい深い人生をデザインしていけるのでしょう。

◇

13世紀、安房《あわ》に誕生した先哲《せんてつ》は、「心すなわち大地・大地すなわち草木なり」とつづられています。

人の心には、草木を育《はぐく》み、桜梅桃李《おうばいとうり》の多彩《たさい》な花々を咲かせる大地のように、自在《じざい》に幸福と平和の価値を創造していく、無窮《むきゅう》のデザイン力《りょく》があります。

その心の力《ちから》を、一人一人が伸びやかに解き放《はな》って、創造性あふれる麗《うるわ》しい人間共和の「千葉新時代」がデザインされていくことに、いやまして希望が高まっています。

＊1　三瓶政一朗編『日本童謡全集』音楽之友社
＊2　『與謝野晶子全集』9、文泉堂出版
＊3　「毎日新聞」2015年2月28日付、千葉版を引用・参照

「人権文化」の花　栃木から支《ささ》え、寄《よ》り添《そ》う地域社会を

【下野新聞】２０１７年5月18日

新緑の息吹《いぶき》を感じる季節になると、思い出す物語の一節があります。

「名もない草はわずかの透間《すきま》を見つけて、根をおろし、葉をひろげている。そんな中ででも生きて行こう、伸びあがろうとしているものがあることは、彼にある勇気を与えた」*1

栃木出身の山本有三《やまもとゆうぞう》の名作『路傍《ろぼう》の石』です。

セメントで固められた石垣《いしがき》からさえ草は育つ。その生命の輝きが、困難《こんなん》に見舞われながらも前へ進もうとする若人《わこうど》を励ますのです。

『路傍の石』の主人公が幼き日から苦しんだ、貧困《ひんこん》に伴《ともな》う差別や偏見《へんけん》――。下野《しもつけ》新聞の出色《しゅっしょく》の連載を収《おさ》めた新書『貧困の中の子ども　希望って何ですか』が浮《う》き彫《ぼ》りにした通り、それは現代でも決して見過《みす》ごせない問題です。

進学の機会だけでなく、生きる希望や夢までも奪《うば》いかねない貧困状態にある子どもの数は、今、6人に1人の割合に達しています。

状況を厳《きび》しくする背景には、問題の深刻さが「身近にあるのに見えてこない」[*2]ことにあると、下野新聞の「子どもの希望取材班」は鋭《するど》く指摘しています。

とともに、周囲の人々とのつながりが少しでも広がれば、子どもが笑顔を取り戻す契機になるとの洞察《どうさつ》に希望の光を感じました。

◆

宇都宮《うつのみや》市が交流を結《むす》ぶオークランド市は、人権先進国《せんしんこく》と名高いニュージーランドの最大の都市です。同国を代表する平和学者のクレメンツ博士は、私との対談で語っていました。

互《たが》いに励まし合い、助け合っていく中に、「希望と勇気の連鎖《れんさ》」を広げるカギがあります、と。

栃木で長年、県の取り組みとして発刊されてきた人権文集にも、心に残る言葉がありました。

中学生の作文で、車いすで生活する祖母が、優先駐車場やスロープを見つけては感謝する姿を通して、綴《つづ》られていた文章です。

「祖母と一緒《いっしょ》にいると、普段《ふだん》何気なく見ているいろいろなところに、人の優《やさ》しさが詰《つ》まっていると教えられます。そして、いつの間にか私も温かい気持ちになっています」

地域の結《むす》びつきが希薄《きはく》になったといわれる時代にあって、人は誰もが社会のさまざまな営《いとな》みに支《ささ》えられ生きているという実感も、また大切に深めたい心情です。

思うに、現代に求められる人権意識も、それぞれの地域で、「身近にあるのに見えてこない」ものに心を向け直し、困っている人たちに寄り添《そ》う行動を積み重《かさ》ねる中から、磨《みが》かれていくものではないでしょうか。

◇

私の妻がよく知る栃木市の婦人は、自治会の社会福祉《ふくし》部長や副会長などを務《つと》め、30年間、地域のために活動してきました。特に高齢者宅への一軒一軒の訪問の中で、地域の子どもたちも温かく見守り、その成長を何よりの喜びとしています。

偉大な人権の先駆者《せんくしゃ》・田中正造翁《たなかしょうぞうおう》の精神を受け継《つ》ぐ下野《しもつけ》新聞が創刊140周年を迎える明年（2018年）は、国連で「世界人権宣言」が採択《さいたく》されてより、70周年の佳節《かせつ》に当たります。

下野は、自由と尊厳《そんげん》を守る気風を育《はぐく》んできた大地です。「今よりも子どものことを考える社会」を目指《めざ》す郷土《きょうど》の新聞と共に、「人権文化」の希望の花は、未来へ豊かに咲き薫《かお》りゆくことでしょう。

＊1　山本有三『路傍の石』新潮社

＊2　下野新聞　子どもの希望取材班『貧困の中の子ども　希望って何ですか』福田沙織編、ポプラ社

G7教育大臣会合

未来へ責任と行動を共有《きょうゆう》

【山陽新聞】2016年4月26日

私は、元気な子どもたちの声が大好きである。

いかに厳《きび》しい試練の時代にも、その天真爛漫《てんしんらんまん》な響《ひび》きがある限り、未来は明るい。

それは、岡山市が姉妹交流を結《むす》ぶ、中米・コスタリカの緑豊かな首都サンホセ市で、20年前（1996年）、核の脅威《きょうい》展を行った時のことである。

大統領と前大統領も出席してくださった開幕式の会場は、「子ども博物館」と隣接《りんせつ》していた。天井《てんじょう》近くには仕切りがなく、子どもたちの自由奔放《ほんぽう》な声が、式典の進行中も筒抜《つつぬ》けで聞こえてくる。

挨拶《あいさつ》に立った私は、「にぎやかな、活気に満ちた、この声こそ『平和』そのものです。ここにこそ原爆を抑《おさ》える力《ちから》があります。希望があります！」と申し上げた。

会心の笑みで頷《うなず》く来賓の方々の姿に、「教育立国」の誇りを感じたことが蘇《よみがえ》る。

◇

日本において、庶民に開かれた閑谷《しずたに》学校をはじめ、若き生命を慈《いつく》しみ、新たな教育の潮流を起こしてこられたのが岡山の天地にほかならない。

「地下水というものがある、雨が降《ふ》ってそれが地下に落ちていればこそ、樹木《じゅもく》や野菜、田んぼなどもみんなできるんである」＊1

日本初の西洋美術館を創設し、社会福祉《ふくし》事業や労働環境の改善に尽力《じんりょく》された大原孫三郎《おおはらまごさぶろう》氏が、教育の大切さを譬《たと》えた言葉である。

その孫三郎氏が生涯をかけて、世界に誇る街づくりに心血《しんけつ》を注《そそ》いだ倉敷《くらしき》で、来月（２０１６年５月）14日と15日に、Ｇ７教育大臣会合が行われる。

複雑な諸課題に直面する国際社会にあって、いかにして文化的な背景が異《こと》なる人たちと共生の絆《きずな》を結《むす》び、活路《かつろ》を開くか。大臣会合では「教育におけるイノベーション」をテーマに、方途が議論される。

イノベーションの意味は、技術革新にとどまるものではない。その真骨頂《しんこつちょう》は、社会のために新しい価値を創造する開拓《かいたく》にあるといわれる。

教育の分野でも、情報通信技術（ＩＣＴ）を活用した授業のほかに、地球的問題群を踏《ふ》まえた教育内容の編《あ》み直《なお》しや、多彩《たさい》な学びの場の創出《そうしゅつ》、教育格差の解消などが焦点となっている。

そうした挑戦も、岡山の歴史を紐解《ひもと》けば、先駆的《せんくてき》な実績が浮かび上がってくる。

20世紀の初頭、学びの機会を広げようと、全国初の「企業内学校」が開設され、各界の識者を招《まね》いての「日曜講演会」も継続的《けいぞくてき》に市民に無料で開放された。また戦後、住民や子どもたちが手を携《たずさ》えて進めた「月《つき》の輪古墳《わこふん》」の発掘作業は、〝生きた歴史教育の場〟として、今なお語り継《つ》がれている。

十数年前から大原《おおはら》美術館が取り組む「学校まるごと美術館」も注目を集める。休館日の美術館を教室代わりに、小学生たちが対話型の鑑賞や模写《もしゃ》などを行う催《もよお》しである。

すでに百年近く前に、児島虎次郎《こじまとらじろう》氏の蒐集《しゅうしゅう》したモネやマチスの名画が、倉敷《くらしき》の小学校で一般公開された史実を顧《かえり》みるにつけても、人類の宝《たから》に触《ふ》れる喜びを共に分かち合っていく岡山の豊かな精神性に、感動を禁じ得《え》ない。

私と妻のよく知る婦人は、長年、岡山市内で、地域の図書室の運営に携わり、ユネスコ（国連教育科学文化機関）からも児童《じどう》図書の寄贈を受けて、貸し出し、読み聞かせなどを行ってきた。自《みずか》らの病も乗り越《こ》え、〝未来をつくるお手伝いを〟と、自他共《じたとも》の笑顔の花を咲かせている。

ロシアの未来を担う宝の子どもたちを励ます（1994年5月、モスクワ市内）

教育は「協育《きょういく》」であり、「共育《きょういく》」である。皆で協力し、若人《わこうど》と共々に成長しゆくスクラムから、瑞々《みずみず》しい希望の活力《かつりょく》が湧《わ》き出《い》ずる。

◆

現代における「教育のイノベーション」を展望する上で忘れてはならないのが、国連の「持続可能な開発のための教育（ＥＳＤ）」である。

岡山市域では、地域を挙《あ》げて、自主的に生き生きと推進されてきた。

昨今、断片的《だんぺんてき》な知識にとどまらず、出来事の関係性を見いだす〝つながる知識〟を養《やしな》うことが要請《ようせい》されている。

加えて、分析能力の向上だけでなく、問題解決に向けて何ができるのかを追求する登山型の教育が重要性を増しており、まさにＥＳＤは、その要石《かなめいし》となるものである。

先日も、喜ばしい山陽新聞の記事を読んだ。岡山市がユネスコの「学習都市グローバル・ネットワーク」に国内で初登録されたというニュースである。世界の各都市との学び合いの連携《れんけい》を通し、先進的な学習都市・岡山のさらなる発展が期待される。

東洋の英知の言葉には「源《みなもと》遠ければ流れ長し」とある。岡山に流れ通《かよ》う「教育」という地下水脈《すいみゃく》こそ、持続可能な地球社会の創《そう》出《しゅつ》へ、汲《く》めども尽《つ》きぬ源泉《げんせん》となるに違《ちが》いないと、私は確信する。

◇

「ある一つのことについて、私もその責任を持ちましょう、これは私の責任でもありますというような、責任が重《かさ》なり合っている社会は心の暖かい社会であります」*2

先父の志《こころざし》を継《つ》ぎ、世界に文化と友好の波を広げられた、大原總一郎《おおはらそういちろう》氏の至言《しげん》である。

「教育のイノベーション」をめぐる課題は多岐《たき》にわたる。だが一切の成否を握《にぎ》る鍵《かぎ》は、この言葉が示唆《しさ》するように、より多くの人が未来の世代への責任と行動を共有《きょうゆう》し、社会全体の教育力を高めることにあるのではないだろうか。

誇り高き「教育立県」岡山から、〝晴れの国〟の明るい太陽の子どもたちの声が、さらに伸びやかに轟《とどろ》きわたることを祈りたい。

＊1　兼田麗子『大原孫三郎』中央公論新社

＊2　井上太郎『大原總一郎』中央公論新社

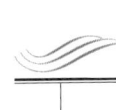

山口から未来へ　天下一の人づくりの心を

【山口新聞・宇部日報】２０１6年11月18日

「希望」とは、どこから生まれるか。それは、人を励まし育てる所からです。ゆえに、青年を愛し、育《はぐく》む故郷こそ、希望の大地ではないでしょうか。

かつて、山口の萩《はぎ》に開かれた小さな私塾から、日本の新しい夜明けを告《つ》げる大きな希望が生まれました。

吉田松陰《よしだしょういん》の薫陶《くんとう》を受けた、高杉晋作《たかすぎしんさく》や久坂玄瑞《くさかげんずい》ら若人《わこうど》たちが、歴史を劇的に変革していったのです。

今年は、松陰が松下村塾《しょうかそんじゅく》で講義を始めて１６０年。今や世界遺産《いさん》ともなり、我らの山口県はロマンの故郷として、人間教育の光彩《こうさい》を、いやましております。

◇

松下村塾《しょうかそんじゅく》は、師弟が一緒《いっしょ》に錬磨《れんま》する学舎でした。

松陰《しょういん》は、塾生に親愛を込めて「諸友《しょゆう》*1」と呼びかけ、分け隔《へだ》てなく接しました。当時の身分差別に抗《こう》して、農・工・商の人々を「三宝《さんぽう》*2」と呼んで親しく交わり、学び合ってもいます。

幕末維新期《ばくまついしんき》、長州は寺子屋の数も全国屈指《くっし》であり、地域に人づくりの気風がみなぎっていました。

教育とは、民衆の大地に根差《ねざ》して、共に学び、成長する「共育《きょういく》」であり、皆で協力して価値を創造する「協育《きょういく》」でもあります。

こうした奥深い伝統が、山口県には脈々と受け継《つ》がれています。その一つが、「地域教育力」の日本一を掲《かか》げた取り組みでしょう。家庭、学校、地域、産業界など一丸となって、たくましい「やまぐちっ子」を育《はぐく》まれているのです。

学校運営に保護者や地元の方々が参画《さんかく》する「コミュニティ・スクール」（小・中学校）の設置率は、全国一です。子どもを街ぐるみで見守り支援する「地域協育ネット」も、模範《もはん》を示されていると伺《うかが》いました。

周防大島《すおうおおしま》では、農漁村の暮《く》らしを経験する体験交流型観光も活発です。私の友人夫妻は、各地の中高生を民泊で受け入れる交流を重《かさ》ねてきました。〝大島に家族ができ、故郷ができました〟など、感謝の手紙が絶《た》えないと喜ばれています。

地域と世代を超《こ》えた、心と心の交流は、人生と未来を豊かに開拓《かいたく》します。

かねてより私は、「社会のための教育」ではなくして「教育のための社会」へ、転換《てんかん》を訴えてきました。

教育立県・山口の挑戦はその先端《せんたん》であり、少子高齢化《しょうしこうれいか》など、数々の波浪《はろう》に挑《いど》む日本社会の希望の羅針盤《らしんばん》となるに違《ちが》いありません。

◇

60年前（1956年）、私は山口県の各地を訪れ、多くの友情を結《むす》ぶ機会を得《え》ました。下関《しものせき》、防府《ほうふ》、山口、岩国《いわくに》、柳井《やない》、徳山《とくやま》（現・周南《しゅうなん》）、宇部《うべ》、萩《はぎ》と、いずこにも忘れ得ぬ思い出があります。

一つの大都市だけが突出するのではなく、各地域が伝統と個性を生かして発展する「街づくり」が、山口県には光っているのです。

宇部市では、戦後、地域を彫刻で飾《かざ》る市民運動が広がり、永年《ながねん》にわたり、新進芸術家の登竜門《とうりゅうもん》となる彫刻展が重《かさ》ねられてきました。

21世紀のキーワードである「ダイバーシティー（多様性）」には「違《ちが》い」という意味もあります。

人づくりにおいても、それぞれの違いを個性として尊重し、「桜梅桃李《おうばいとうり》」の多彩《たさい》な花園のように生命を開花させることこそ、人間教育の芸術でありましょう。

山口の周防大島を訪問し、地元の友と語らう（1984年10月）

私が知る下松市《くだまつ》の小学校の校長先生は、自《みずか》らの病を克服しつつ、臨床心《りんしょうしん》理士《りし》と学校心理士の資格を取得し、障《しょう》がいを抱《かか》える児童《じどう》に慈愛《じあい》を注《そそ》いできました。その信念は、松陰《しょういん》の如《ごと》く、一人一人の若人《わこうど》の生命の可能性を信じ抜くことです。

私の信頼する大学野球の監督も山口の出身です。「勝っても負けても、人間を鍛《きた》え、人材を育てる」をモットーに、不屈《ふくつ》の逸材《いつざい》を送り出してくれています。

◇

瀬戸内海《せとないかい》を旅し、山口の美景《びけい》を愛してやまなかった歴史家トインビー博士は、洞察《どうさつ》されていました。

歴史を創《つく》る力《ちから》は、新聞の大見出しになる事件などではなく、目立たない水底《みなそこ》のゆるやかな動きである、と。

青年を長い目で見守り、励ましながら、民衆の幸福と平和のために貢献する、若き世界市民の連帯《れんたい》を築くことこそ、真に歴史を創る力《ちから》ではないでしょうか。

明後年（2018年）は、明治維新《いしん》より150周年。

人類史の新たな希望の夜明けへ、愛する山口から、天下一の人づくりの心が、いよいよ輝きわたることを私は期待してやみません。

＊1　古川薫『松下村塾』講談社

＊2　吉田松陰『講孟余話』広瀬豊校訂、岩波書店

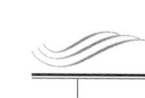

光と花のシマネから世界を結《むす》ぶ「青春の歌」を

【山陰中央新報】２０１6年4月12日

「よう来てごしなって、だんだんね！」

私が憧《あこが》れの島根県を初めて訪れたのは、55年前（１９６１年）の春4月です。以来、大好きな「太陽の国」の方々は、いつも故郷の家族のように温かく迎えてくれました。

敬愛する島根の宝友《ほうゆう》は、誠実です。〝天下一の誠実〟といっても、過言《かごん》ではないでしょう。県花・牡丹《ぼたん》の花言葉が「誠実」であることも不思議《ふしぎ》な符合《ふごう》です。

美しく豊かな島根の自然と文化。誰にも故郷のように懐かしい
(1984年5月＝出雲市郊外、著者撮影)

〝花の王〟たる島根の牡丹《ぼたん》が海外でも広く愛《め》でられているように、この「日本の故郷」とも言うべき自然と文化の魅力《みりょく》は、世界からますます注目されるに違《ちが》いありません。

◆

古《いにしえ》より、島根は山陰道《さんいんどう》、出雲街道《いずもかいどう》、海の道を通じ、列島各地や大陸との往来《おうらい》の拠点《きょてん》となってきました。

山持遺跡《ざんもちいせき》（出雲市）では弥生期《やよいき》の朝鮮半島の土器が発見され、中世の益田《ますだ》氏の繁栄《はんえい》を伝える中須西原《なかずにしはら》・中須東原遺跡《ひがしはらいせき》（益田市）からは、中国・ベトナム・タイの陶磁器《とうじき》なども出土しています。

心広々と交易《こうえき》し、島根は時代を動かしてきました。

秀吉《ひでよし》・家康《いえやす》の時代、日本の銀の産出量は世界の3分の1に及《およ》び、ほとんどが石見銀山《いわみぎんざん》のものだったといいます。当時の西洋の地図にも記《しる》された銀山は、今、世界遺産《いさん》に登録されています。

まさしく人類史に光彩《こうさい》を放《はな》つ、世界のシマネです。

島根県は中国、韓国、ロシアなど、北東アジアを中心に、姉妹友好を深めてこられました。

松江《まつえ》市内の観光施設を訪れる外国人観光客は昨年、過去最多となっています。

インドとの交流も活発です。山陰中央新報社が支援する「山陰インド協会」は、2013年の設立以来、両国の絆《きずな》を一段と強めてきました。

島根・鳥取を度々《たびたび》、訪問されたワドワ前《ぜん》駐日インド大使は、〝日印関係の中心は山陰にあり〟と語られています。

この広がりを見るにつけても、道を開かれた先人《せんじん》の労が、私には偲《しの》ばれます。

島根が生んだ、世界的な仏教学者の中村元《なかむらはじめ》博士は、インドとの友情の懸《か》け橋《はし》を築かれました。私たちも知己《ちき》を得《え》て、お世話になった恩人です。

「偉大なる根本」との意義を持つ大根島《だいこんしま》（松江市八束町《まつえしやつかちょう》）には、中村博士の記念館があります。

「慈悲《じひ》」こそ仏教の根本であり、その出発点にして到達点は、他者への「温かい心」である。これは博士の一つの結論でした。

この博士が、故郷・島根の人々は人情に厚いと誇りにされていたことを、思い起こします。

博士は言われました。

「もしも当地を訪れて、その温かい心に触《ふ》れられたら、失われた日本を発見されるであろう」[*1]と。

この温かい心が脈打《みゃくう》つ島根への旅には、「日本の再発見」の喜びがあります。それは「人間性の再発見」とも通じているでしょう。

世界の友よ、シマネに来たれ！　と、博士と共に私はアピールしたい思いです。

◇

中村博士が強調されていた「慈悲」「温かい心」は「友情」と一体不二《ふに》です。青年が国を越《こ》えて友情を結《むす》ぶことが、地道でありながら最も確実な平和の創造ではないでしょうか。

昨秋（2015年）には、わが島根出身の青年をはじめ全国の代表がインドを訪問しました。ムカジー大統領も温かく歓迎してくださり、幾重《いくえ》にも有意義《ゆうい ぎ》な青年交流が織《お》り成されています。

私が創立した学園・大学で学んだ女性は、日本人学校の教員としてインドに赴任《ふにん》しました。そこで、後に伴侶《はんりょ》となる同僚の安来市《やすぎ》出身の青年から安来節《ぶし》を教わり、「こんなに人を笑顔にできる踊《おど》りがあるんだ！」と魅《み》せられます。

帰国後、島根に移住して安来節を本格的に学び、「安来節全国優勝大会」で日本一に輝きました。ボランティアとして、東北の被災地《ひさいち》やインドでも、希望と友情の舞《まい》を広げています。

仏典には、「自他共《じたとも》に智慧《ちえ》と慈悲《じひ》があることを、喜びという」と説かれます。草の根の交流は、互《たが》いの生命に具《そな》わる智慧と慈悲とを発揮《はっき》し合いながら、喜びの連帯《れんたい》を拡大する力《ちから》です。

◆

島根の友には、常に明るい歌声があります。若き英才たちと旧制松江《まつえ》高校の寮歌「青春の歌」を歌ったことも懐《なつ》かしい思い出です。

山陰《さんいん》は、天も地も、人の心も光る〝山光《さんこう》〟です。25年前（1991年）、鳥取の友も一緒《いっしょ》に、忘れ得ぬ〝山光音楽祭〟を行いました。

当時出演した方々のお子さんの世代が中心となり、この秋には、新時代の〝山光音楽祭〟が予定されていると聞いています。

山光の若人《わこうど》は、父母《ちちはは》の誠実な心を受け継《つ》ぐ、まさに「光の人材」群です。

光と花の国シマネから、世界を結《むす》ぶ「青春の歌」よ轟《とどろ》け！　と、私は願ってやみません。

＊1　中村元「渓流の精神」、『和の心　日本の美　松江』所収、社団法人 松江観光協会

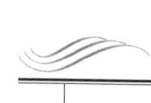

ふるさと鳥取から　偉大な挑戦の光が

【日本海新聞】2017年5月21日

私の胸に、今もよみがえる歌声があります。

33年前（1984年）、ツツジが満開の5月に、鳥取の青年平和文化祭で聴《き》かせてもらった、千人の若人《わこうど》の「ふるさと」の大合唱です。

作曲者・岡野貞一《おかのていいち》先生の故郷で聴くメロディーに、白砂青松《はくさせいしょう》の弓ケ浜《ゆみがはま》、伯耆《ほうき》富士・大山《だいせん》の秀峰《しゅうほう》、詩情あふれる鳥取砂丘《さきゅう》などの情景も、おのずと浮かんできました。

誕生より百年余。どれほど人々の琴線《きんせん》に、励ましの共鳴《きょうめい》を奏《かな》でてきたこ

一瞬の出会いをのがさず、励ましを贈る（1984年5月、鳥取・倉吉市）

とでしょうか。

「ふるさと」という原点の大地に心の根を持つ人生は、強く、深く、豊かです。

昨年(2016年)の鳥取県中部地震からの復興《ふっこう》に尽力《じんりょく》してきた青年たちが、この曲を奏《かな》で歌いながら、大好きな故郷の繁栄《はんえい》へ希望光るスクラムを広げていることも、頼《たの》もしく伺《うかが》いました。

◆

「山光《さんこう》」――天も地も、人の心も晴れ渡る山陰《さんいん》の宝土《ほうど》に、私が敬愛を込めて提唱させていただいた愛称です。

うれしいことに、この「光」は一段と輝きを増しています。

それは、誇り高き「挑戦の光」です。

鳥取県は、人口最少県であることを逆手《さかて》にとり、「スモール・イズ・パワフル!」と、最先端《さいせんたん》の課題にたくましく挑《いど》まれています。新規の就農《しゅうのう》希望者を支援する取り組みなどを積み重《かさ》ね、全国屈指《くっし》の移住者数を達成しました。特に青年の移住者が多いことに、少子化《しょうしか》に悩む他県の自治体も刮目《かつもく》しています。

安全なまちづくりでも模範《もはん》であり、医療・介護《かいご》・保育が充実する倉吉市《くらよし》は、「住みよさランキング」の安心度部門で全国1位です。[*1]

その挑戦は、命を大切に守る「人間性の光」でもあります。

もともと鳥取は、多くの農林水産物の生産量が日本一です。「地産地消《ちさんちしょう》」を推進されるとともに、らっきょうや梨《なし》やスイカ、和牛や松葉《まつば》ガニなどの〝味力《みりょく》〟は、日本の食卓に喜びを広げてくれます。

健康・スポーツにも力《ちから》を入れ、トライアスロン大会の開催や、グラウンド・ゴルフの発祥地《はっしょうち》として有名です。プールや体育館のスポーツ環境にも恵《めぐ》まれています。

さらに鳥取では、障《しょう》がいのある方に心を配り手助けする「あいサポート運動」、また「手話甲子園《しゅわ》」の開催など、誰もが暮《く》らしやすい社会へ、尊い努力を重《かさ》ねています。

私の妻がよく知る岩美町《いわみちょう》の婦人は、夫妻で障《しょう》がい児のデイサービス施設を運営してきました。「ダメ」や「ムリ」など否定的な言葉を使わないことが信条です。病で亡《な》くなった長男の遺言《ゆいごん》「皆さん、幸せに！」を抱《だ》きしめ、みんなのお母さんとなって、太陽のような慈愛《じあい》の光を送り続けてきたのです。

◇

我らの鳥取には「団結の光」があります。

歴史的にも、質実剛健《しつじつごうけん》の武士文化が栄えた因幡国《いなばのくに》と、人・モノの交流が盛んな開かれた商人文化の伯耆国《ほうきのくに》とが手を携《たずさ》え、発展してきました。ここに多彩《たさい》な地域の持ち味を生かし合う「地方創生《そうせい》」の源流《げんりゅう》があります。

私の友人たちも、仲が良く、麗《うるわ》しい励ましの絆《きずな》で結《むす》ばれています。

そうした愛郷《あいきょう》の精神を結合する言論が、地方紙としてトップクラスの世帯普及率《ふきゅうりつ》を誇る日本海新聞です。

「いちばん大事なのは人間の心です」[*2]

これは、米子《よなご》市生まれの世界的な経済学者である宇沢弘文《うざわひろふみ》先生の信念でした。

心と心を磨《みが》き合い、結び合い、高め合う共生社会の創造こそ、平和を希《き》求《きゅう》する21世紀の人類の指標《しひょう》でありましょう。

愛する鳥取が日本のふるさと、世界のふるさととして、偉大な挑戦の光を、さらにパワフルに放《はな》たれることを、かの名曲を口ずさみつつ祈っています。

＊1　第23回全都市「住みよさランキング」（2016）東洋経済新報社
＊2　宇沢弘文『経済学は人びとを幸福にできるか』東洋経済新報社

創立の志《こころざし》

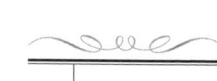

創刊70周年

心に糧《かて》を贈る「蘭室《らんしつ》の友」

【室蘭民報】2015年12月8日

「待望《たいぼう》の地元新聞生誕《せいたん》す」

それは、何と力強《ちからづよ》く、何と誇り高い産声《うぶごえ》でしょうか。

1945年の12月8日、この見出しが躍《おど》る「室蘭民報《むろらんみんぽう》」第1号が、新しい時代の幕開《まくあ》けを告《つ》げました。

終戦《しゅうせん》まもない物資不足の中、紙の調達《ちょうたつ》など、どれほどの産《う》みの苦しみがあったことか。社長兼《けん》主筆の谷村金次郎《たにむらきんじろう》先生は、「お互《たが》いによくマアやりとげたものだ」[*1]と回顧《かいこ》されています。

混迷《こんめい》の戦後社会にあって、「心に生きる糧《かて》を」という崇高《すうこう》な創刊の志《こころざし》を掲《かか》げた新聞を手にした読者が、いかに大きな希望を抱《いだ》いたか、想像にかたくありません。

その志は、今も「活気・元気・勇気」の紙面作りに脈打《みゃくう》っています。読者から「室民《むろみん》を読むと苦しいときに勇気がわいてくる」と言われることを目《め》指《ざ》す姿勢は、「地域の新聞」の模範《もはん》であります。

創立の志を大切にするところは、必ず発展していく。これは、いかなる団体にも共通する普遍《ふへん》の真理でありましょう。

〝室民〟は、遡《さかのぼ》れば、1902年創刊の室蘭時報を源流《げんりゅう》として、「地域の新聞」「地域を伝える新聞」「地域の生活を支《ささ》える新聞」という志を継承《けいしょう》してきました。

「源遠《みなもと》ければ流れ長し」と言われる如《ごと》く、「70年から100年新聞」へ、言論の大河は滔々《とうとう》と北海天地を潤《うるお》していくに違《ちが》いありません。

〝室民《むろみん》〟が世に出た同時代に、北海道を故郷とする、わが師・戸田城聖第2代会長も、「心に生きる糧《かて》」を贈る言論・出版活動を開始しました。

この師のもとで、私自身、少年誌の編集などに携《たずさ》わり、悪戦苦闘を重《かさ》ねたことが、青春の金の歴史です。

心に生きる糧とは、安逸《あんいつ》や惰性《だせい》からは生まれない。努力と労苦に徹《てっ》してこそ、万人を益《えき》する滋養《じよう》と味わいが育《はぐく》まれるものでしょう。

伊達《だて》市で名高い和食店を営《いとな》む友人は、〝風雪を越《こ》えた心が隠《かく》し味なり〟と、目に見えない部分に手間暇《てまひま》を掛《か》けています。病魔や経済苦など、どんな逆境《ぎゃっきょう》でも「今いる場所で輝こう」と踏《ふ》ん張《ば》ってきました。その体験を活《い》かし、多くの友を真心込めて励ましています。

「最後の文士」と謳《うた》われる室蘭《むろらん》生まれの芥川賞《あくたがわしょう》作家・八木義徳《やぎよしのり》先生は、〝室民〟に掲載《けいさい》された講演の中で、北海道の人々には、人生、暮《く》らしを闘い取るという意識が受け継《つ》がれている。とともに作家たちの作風《さくふう》にも、明日を展望する人道《じんどう》主義というべき肌合《はだあ》いがある、と語られていました。

胆振《いぶり》・日高《ひだか》地方の人々は、15年前（2000年）の有珠山噴火《うすざんふんか》をはじめ、幾多《いくた》の試練を乗り越えてこられました。その中で闘い取られ、勝ち取られた心の糧は、いやまして光を放《はな》っていくことでありましょう。

◆

「室蘭」の地名は、アイヌの言葉「モ・ルエラニ（小さな下り路）」に由来《ゆらい》すると伺《うかが》いました。「北海道の自然100選」のトップたる「地球岬《ちきゅうみさき》」とともに、無限の詩情を奏《かな》でるロマンの響《ひび》きがあります。

室蘭を訪れた折、長年地元に暮らす人々を「土の人」と呼び、ほかの街から来た人を「風の人」と呼ぶと聞きました。この「土の人」と「風の人」が相和《あいわ》して、天然《てんねん》の良港《りょうこう》として栄え、日本の近代化を支《ささ》える〝鉄のまち〟として発展を遂《と》げてきた天地です。

そこには、誰のことも「よそ者」扱《あつか》いせず、温かく迎える開かれた心があります。そして、多彩《たさい》な力《ちから》を結集して新たな価値を創造しゆくエネルギーがあります。

これこそ、グローバル時代の最良の宝《たから》です。

この心が光る室蘭《むろらん》、登別《のぼりべつ》、伊達《だて》をはじめ日胆《にったん》地域は、日本の未来を開きゆく人気の移住地として、さらに世界から千客万来《せんきゃくばんらい》の憧《あこが》れの地として、今後ますます注目されていくでしょう。

仏典では、かぐわしい蘭《らん》の香りに満ちた部屋の如《ごと》く、自然のうちに縁《えん》する人に心の糧《かて》を贈りゆく人を、「蘭室《らんしつ》の友」といいます。

室蘭民報が、まさに「蘭室の友」となって、香り高き活気と元気と勇気の連帯《れんたい》が、いよいよ広がりゆくことを、私は念願し、また確信してやみません。

＊1　谷村金次郎『室蘭地方発達史』下、室蘭民報社

創刊125周年

多彩《たさい》な人材育《はぐく》む茨城

【茨城新聞】２０１６年６月６日

「名は必ず体《たい》にいたる徳あり」と言われます。

「茨城」の名に、常々私は不屈《ふくつ》の強さを感じてきました。「茨《いばら》の城《しろ》」とは、まさに何ものにも負けない難攻不落《なんこうふらく》の城ではないでしょうか。

その象徴《しょうちょう》が「不偏《ふへん》不党」「不羈《ふき》独立」の精神で、地域社会の発展に寄与してきた茨城新聞です。１８９１年、創立者の関戸覚蔵《せきどかくぞう》・初代社長は、新聞の使命を「文明の港」に向かう大船に例えました。そして、時に「機関手《きかんしゅ》」、時に「水先案内者《みずさきあんないしゃ》」となって、常に読者とともに進んでいくのだ、と宣言されたのです。

この創立の志《こころざし》のままに、社屋《しゃおく》の火災や戦時中の空襲《くうしゅう》など幾多《いくた》の苦難《くなん》にひるまず、「社会の木鐸《ぼくたく》」として使命を果《は》たしてきました。

「どんなに絶望的な状況に直面しても新聞をつくって届ける」との不屈《ふくつ》の魂《たましい》で、東日本大震災（2011年）、さらに常総《じょうそう》水害（2015年）などに際しても、断固《だんこ》として勇気と希望を送り続けてきた言論の大城です。

◆

試練の「茨《いばら》の道」を踏《ふ》み越《こ》えてこそ、人材の城は築かれます。

私の見守る茨城の青年たちも、昨秋の常総水害の折、迅速《じんそく》に〝かたし隊〟を結成し、復興《ふっこう》に尽力《じんりょく》してくれました。〝かたし隊〟とは、「片付《かたづ》け」とともに、新たな一歩を一緒《いっしょ》に踏み出して、皆を「勝たしたい」との願いを込めた命名です。

愛する故郷のために、労苦を惜《お》しまず奮闘《ふんとう》する中で、一段と成長し、信頼の連帯《れんたい》を広げる若人《わこうど》は、何と頼《たの》もしいことでしょうか。

古来《こらい》、茨城は「人づくり」の伝統光る天地です。江戸時代、最大規模の藩校として名高い水戸藩《みとはん》の「弘道館《こうどうかん》」は、昨年、「近世日本の教育遺産群《いさんぐん》」として日本遺産に認定されております。明治に入ってからも、この弘道館の精神を継《つ》ぐ自彊舎《じきょうしゃ》から巣立った逸材《いつざい》たちが、勇《いさ》んで新時代の道を開いていきました。

女子教育のさきがけであり、日本最初の保母として、幼児教育の花を咲かせた豊田芙雄《とよだふゆ》さん（水戸出身）の功績も、忘れることはできません。今の城《しろ》里町《さとまち》の出身で、日本初の女性の小学校教師となった黒澤止幾《くろさわとき》さんも、勇敢な先覚者《せんかくしゃ》です。北茨城で創作に励んだ横山大観《よこやまたいかん》画伯《がはく》が、「人間ができてはじめて絵ができる」「まず人間をつくらなければなりません」[*1]と強調されたことが思い起こされます。

世界に開かれた「筑波《つくば》研究学園都市」を擁《よう》する茨城が、いやましてスケールの大きな人材群を育《はぐく》み、新たな創造に挑戦していることは、日本の希望の力《ちから》です。

◆

茨城新聞では創刊125周年の記念事業として、125の〝茨城の宝《たから》〟を選定すると伺《うかが》いました。「茨城の誇り」「大切に思うもの」など、一般票で全県枠《わく》の宝を選ぶとともに、子ども票に基《もと》づき全44の各市町村から一つずつ宝を選ぶことは、素晴らしい未来志向《しこう》の試《こころ》みです。

仏典には、わが縁《えにし》の地を「よきところ」とたたえる心から、福徳《ふくとく》がさらに増すと説かれます。われらの郷土《きょうど》の誇る無限の宝を、皆で楽しく再発見する中で、多彩《たさい》な文化の花薫《かお》る茨城の人材城は、ますます輝きゆくに違《ちが》いありません。

＊1　横山大観『大観画談』講談社

澄みわたる青空のもと、太平洋の大海原が光り輝く
(1982年2月＝茨城・日立市、著者撮影)

創刊60周年

〝千の言葉〟の故郷から活字文化の希望の旭日《きょくじつ》を

【千葉日報】2017年3月16日

一つの言葉も、はるかな先人《せんじん》たちから受け継《つ》いできた精神の遺産《いさん》です。そして、未来の友たちへ託《たく》しゆく心の宝《たから》でありましょう。

「文章は人間の大なる技《わざ》なり、大なる宝なり」*1――銚子《ちょうし》生まれの文人・国《くに》木田独歩《きだどっぽ》が綴《つづ》った至言《しげん》です。

尊き「活字文化」興隆《こうりゅう》の最前線を担《にな》い立ってきた千葉日報は、本年、創刊60周年の佳節《かせつ》を迎えました。

創刊号（1957年1月1日付）で、松本清《まつもときよし》初代会長は、「郷土《きょうど》に対する大きな愛情を持った」新聞づくりを訴えられました。

最初の「社説」で、「声なき声をとりあげ」「民衆の声を紙面に反映」と宣言したように、県民一人一人に寄り添《そ》う地域密着の報道は、生き生きと継《けい》承《しょう》される魅力《みりょく》です。「もっと伝えたい千葉がある」と新たな発信を続ける千葉日報が大いなる言論の光で、地方創生《そうせい》の未来を、さらに明るく照《て》らしゆかれますよう祈ってやみません。

◆

新聞は、私たちが生きる世界の「今日」の見取《みと》り図であるとともに、「明日」を映し出す鏡《かがみ》でもあります。

ゆえに、日々、新聞を読む習慣《しゅうかん》は、社会の知性と心を活性化《かっせいか》する源泉《げんせん》でしょう。

大人世代だけでなく、若い新聞読者を大いに育《はぐく》んでいきたいものです。

この冬、国際学習到達度《とうたつど》調査（ＰＩＳＡ）で、日本の生徒の「読解力」の低下が指摘《してき》されました。これは長文に接する機会が減少したことが影響しています。

　そして全国学力テストでは、新聞をよく読む子ほど好成績を収《おさ》めていることが明らかになりました。

　そうした中、千葉県の各地では、新聞を学校教育に活用するNIE（教育に新聞を）運動を、継続的《けいぞくてき》に実施《じっし》してきたことが高く評価されています。

　市川市《いちかわ》の小学校では、新聞を教材に、6年生が1年生へ〝出前《でまえ》授業〟を行ったり、下校してからも家族と新聞を読み、知らない言葉を調べる時間を設《もう》けたりするなど、模範的《もはんてき》な実践の様子が、千葉日報で報じられています。

　思えば、全国に広がった「朝の読書運動」も、船橋《ふなばし》市の高校が起点です。

　「図書館を使った調べる学習コンクール」では、袖ケ浦《そでがうら》市の小学生が、4年連続の首位となり、市町村別の上位入賞数は17年連続で日本一に輝いています。

詩情あふれる房総の海は、心の故郷（1986年6月＝千葉・稲毛海岸、著者撮影）

明治・大正期、千葉ゆかりの石川倉次《いしかわくらじ》が、〝日本点字《てんじ》の父〟として、目の不自由な方々に文字の光を贈ったことも、忘れ得ぬ歴史です。

活字との出合いから、心と心の触発《しょくはつ》が生まれます。

私の妻が知る船橋《ふなばし》市に住む女性は、自宅に約3千冊の書籍を揃《そろ》え、地域貢献の〝文庫〟としました。読み聞かせ等に活用してもらい、良書を通し友好を広げています。

◇

千葉の美しい天地、そこに生きる人々の素朴《そぼく》な人情は、日本の近現代文学史に輝く数々の作品を生み出す揺籃《ようらん》となってきました。

景観が素晴らしく多くの文化人が住んだことから「北の鎌倉《かまくら》」と呼ばれた手賀沼湖畔《てがぬまこはん》（我孫子《あびこ》市）には、志賀直哉《しがなおや》や武者小路実篤《むしゃのこうじさねあつ》らが居《きょ》を構《かま》えて創作活動に励み、芥川龍之介《あくたがわりゅうのすけ》、有島武郎《ありしまたけお》といった文人が訪れました。『遠野《とおの》物語』の作者で民俗学者の柳田国男《やなぎたくにお》も手賀沼の美に心を寄せた一人です。柳田は、地理学者・教育者であった創価学会の牧口常三郎初代会長とも交流がありました。

かつて私が訪れた懐《なつ》かしい保田《ほた》海岸（鋸南町《きょなんまち》）も、夏目漱石《なつめそうせき》や西條八十《さいじょうやそ》にゆかりの地として知られています。その南の岩井《いわい》海岸（南房総市《みなみぼうそうし》）には、遠浅《とおあさ》の海で遊ぶ子どもたちの様子を微笑《ほほえ》ましく見つめ歌った菊池寛《きくちかん》の歌碑《かひ》があります。

また、大原《おおはら》海岸（いすみ市）は、太平洋の白波が洗う雄大《ゆうだい》な景色が森鷗外《もりおうがい》、林芙美子《はやしふみこ》、山本有三《やまもとゆうぞう》、若山牧水《わかやまぼくすい》らに愛されました。

高村光太郎《たかむらこうたろう》は智恵子《ちえこ》夫人の療養《りょうよう》先（九十九里町《くじゅうくりまち》）の浜辺を詩に詠《よ》み、田山花袋《たやまかたい》、島崎藤村《しまざきとうそん》は房総《ぼうそう》の旅をいくつかの作品に書き記《しる》しました。藤村は、この旅が詩作を開始する転換点となり、正岡子規《まさおかしき》は房総旅行で健康的に日焼けをして戻った後、本格的に俳句《はいく》作りに取り組んでいます。

13世紀の安房《あわ》（千葉県南部）に誕生した先哲《せんてつ》は、言葉とは「心の思い」を響《ひび》かせたものなりと記《しる》されています。

豊かな心の大地から、豊かな言葉が生まれます。

千葉の葉は言葉の葉、すなわち真実の言葉、正義の言葉、英知の言葉、慈愛《じあい》の言葉、勇気の言葉、共生の言葉、平和の言葉――良質な〝千の言葉〟のかけがえのない故郷と、私は思ってきました。

今、社会も世界も、言葉の真価が問われています。

だからこそ、言葉の力《ちから》を信ずる千葉の宝友《ほうゆう》と共に、活字文化の希望の旭《きょく》日《じつ》を！　と、私は心に期《き》しております。

＊1　国木田独歩全集編纂委員会編『国木田独歩全集』7、学習研究社

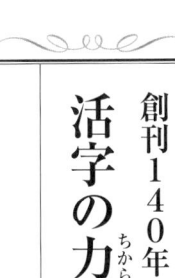

創刊140年
活字の力《ちから》は地域の宝《たから》

【下野新聞】2018年10月11日

東洋の先哲《せんてつ》の至言《しげん》には、「過去の因《いん》を知らんと欲《ほっ》せば其《そ》の現在の果《か》を見よ。未来の果を知らんと欲せば其の現在の因を見よ」とあります。新聞は、まさに日々、「過去」を映《うつ》しつつ、「現在」を見つめ、そして「未来」を照《て》らし出す知恵の鏡《かがみ》と言えないでしょうか。

◆

1878年、戊辰《ぼしん》戦争で東西に二分された列島の結節点《けっせつてん》に位置する大地で、下野《しもつけ》新聞の前身である「杤木《とちぎ》新聞」は産声《うぶごえ》を上げ、「信念の新聞」として出発しました。翌年（1879年）には、民衆運動の父・田中正造翁《たなかしょうぞうおう》が編集長に就《つ》き、国会開設を求める堂々たる論陣を張りました。

関東大震災（1923年）で東京の各紙が発行不能に陥《おちい》った際には、東京に記者を送り、取材を敢行《かんこう》しました。被災地《ひさいち》に新聞を届け、災害時の情報提供の範《はん》を示したのです。

「言いたいことを言う」[*1]権利にまして、「言わねばならないことを言う」[*1]責任を重んじ、軍国主義と対峙《たいじ》した桐生悠々《きりゅうゆうゆう》が、若き日、主筆《しゅひつ》として、筆鋒《ひっぽう》を研《と》いだのも下野《しもつけ》新聞です。

大戦後の1946年9月には、当時の紙不足に屈《くっ》することなく発行を誓《ちか》う決議文を掲載《けいさい》しています。

いわく、「苦難《くなん》時代たる現実を観《み》るとき、新聞使命の愈々《いよいよ》重大」「新聞に課せられた使命を果《はた》し、新日本建設に寄与《きよ》せん」と。

この信念のまま、言論を通じ、人々に希望と勇気の光を送ってきたのです。

東日本大震災（２０１１年）の折には、相互支援《そうごしえん》協定に基《もと》づき、被災した茨城新聞の発行に協力しました。さらに群馬の上毛《じょうもう》新聞、福島の福島民報とも同様の協定を結《むす》ぶなど、「協調《きょうちょう》」の力《ちから》で社会の負託《ふたく》に応えています。

創刊１４０年の本年（２０１８年）、紙面が刷新《さっしん》され、栃木県の黎明期《れいめいき》の歴史を紹介する新企画をはじめ、県内25市町に光を当てた「個別市町版」がスタートしました。郷土愛《きょうどあい》にあふれた紙面づくりに、注目が集まっています。

◇

「地方」を意味する英語「ローカル」には「特有の」という意味が含《ふく》まれます。地域ならではの〝宝《たから》〟を見いだし、一隅《いちぐう》から世界を照《て》らすことができるのです。「地方」とは「地宝《ちほう》」なり——私の信条です。

下野新聞のスローガン「１００％とちぎ愛」からは、まさしく「地宝」への深い愛情が伝わってきます。

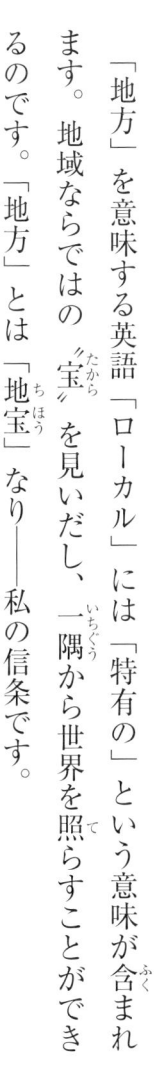

「週刊しもつけ子どもタイムズ」や「スクール文化」欄《らん》などの紙面にも、子どもたちへの温かいまなざしと、郷土《きょうど》への誇りが光っています。連載「希望って何ですか　貧困《ひんこん》の中の子ども」は、喫緊《きっきん》の課題に警鐘《けいしょう》を鳴らしました。

未来を担《にな》う子たちの笑顔こそ、地域のかけがえのない「宝《たから》」であり、「希望」でありましょう。

栃木出身の作家・山本有三翁《やまもとゆうぞうおう》は、終戦直後、青少年たちを、こう励ましました。

「皆さんの、ものを見る目、ものを考える力《ちから》が、深く、大きくなってゆけば、日本はこれから見ちがえるほど、立派な国になってゆくのです」[*2]、そして「人間の能力というものは、宇宙にも負けないくらい、広大無辺《こうだいむへん》なものだということが言えるでしょう」[*2]と。

郷土に根差《ねざ》した学びを通して、人間愛を育《はぐく》み、視野《しや》を大きく深く持ってもらおうという試みは、子どもたちの無限の可能性を引き出しゆく取り組みとして期待されます。

◇

真の世界市民とは、地球を見つめる開かれた知性とともに、わが郷土を愛する心を併《あわ》せ持つ人でしょう。

自分のことのみならず、周囲の人々、地域社会、さらに世界の困難《こんなん》に立ち向かっていく勇気と信念の人を育てねばならない。

これが、戦時中の軍部政府による投獄にも断じて屈《くっ》しなかった、私の先師・牧口常三郎先生と恩師・戸田城聖先生の信条でした。

この二人の師が、日本で一番人柄《ひとがら》がよく、頼《たの》もしいのは栃木人であると信頼を寄せていたのです。

かの田中正造《たなかしょうぞう》翁は、「辛酸佳境《しんさんかきょう》に入る　楽またその中に在《あ》り」と叫《さけ》ばれました。この朗《ほが》らかで不撓不屈《ふとうふくつ》の精神を受け継《つ》ぐ下野《しもつけ》新聞とともに、今日も未来へ、希望の因を刻んでいきたいと、私は心から願ってやみません。

＊1　桐生悠々『畜生道の地球』中央公論社
＊2　『山本有三全集』11、新潮社

池田大作（いけだ・だいさく）

1928年（昭和3年）、東京生まれ。創価学会名誉会長。創価学会インタナショナル（SGI）会長。創価大学、アメリカ創価大学、創価学園、民主音楽協会、東京富士美術館、東洋哲学研究所、戸田記念国際平和研究所などを創立。世界各国の識者と対話を重ね、平和、文化、教育運動を推進。国連平和賞、国連難民高等弁務官事務所の人道賞のほか、モスクワ大学、グラスゴー大学、デンバー大学、北京大学など、世界の大学・学術機関の名誉博士・名誉教授、さらに桂冠詩人の称号など多数受賞。

著書は『人間革命』（全12巻）、『新・人間革命』（全30巻）など小説のほか、対談集も『二十一世紀への対話』（A・J・トインビー）、『二十世紀の精神の教訓』（M・S・ゴルバチョフ）、『平和の哲学　寛容の智慧』（A・ワヒド）、『地球対談　輝く女性の世紀へ』（H・ヘンダーソン）など多数。

随筆
調和の懸け橋
――結び合う地域の未来

二〇一九年十一月十八日　初版第一刷発行
二〇二〇年　一　月　二　日　初版第三刷発行

著　者　池田大作
発行者　大島光明
発行所　株式会社　鳳書院
〒一〇一―〇〇六一　東京都千代田区神田三崎町二―八―一二
電話　〇三―三二六四―三一六八（代表）

印刷・製本所　藤原印刷株式会社

ISBN978-4-87122-195-5